Wenn das Nervenkostüm in der Reinigung ist, zieh das dicke Fell an!

ISBN 978-3-649-64681-5

© 2024 Coppenrath Verlag GmbH & Co. KG,
Hafenweg 30, 48155 Münster, Germany
Textsammlung: Kreativlektorat Daniela Vogel, Finnentrop
Textsatz & grafische Gestaltung: Elmar Möllmann, Internetlitho
Redaktion: Charlotte Horvath

www.coppenrath.de

Wenn das Nervenkostüm in der Reinigung ist, zieh das dicke Fell an!

Mit Illustrationen
von Philine Delekta

COPPENRATH

Inhalt

Sabine Bode

Einmal Sorgen mit alles, bitte!

Neulich habe ich einen Werbespot gesehen, in dem es hieß: „In diesem Auto können fünf Leute ohne Problem Platz finden." Der erste Gedanke, der mir durch den Kopf schoss, war: „Alles klar, aber wo finde ich diese fünf Leute ohne Problem?"

Okay, der war ein bisschen sehr flach, aber ich dachte, so ein locker flockiger Einstieg in das vorliegende Sammelsurium der Seelenqualen kann in diesen konfliktbeladenen Zeiten nicht schaden. Denn es ist ja so: Sorgen und Nöte haben wir in allen Lebensphasen. Als Teenager fühlen wir uns erst wertgeschätzt und wahrgenommen, wenn wir die Türen knallen lassen, bis die Erde bebt. Als junger Mensch fragen wir uns ständig, ob der Partner, die Ausbildung oder die Wohnungseinrichtung adäquat unsere Persönlichkeit matcht. Ab dreißig sind wir entweder genervte Kinderlose in einem Meer von glückstrunkenen Kleinfamilien oder dauergestresste Jungeltern, die anderen die Glückstrunkenheit nur vorspielen. Mit vierzig fragen wir uns langsam, ob wir alles richtig gemacht haben oder noch mal anders durchstarten wollen: neue Liebe, doch noch ein

Kind oder vielleicht lieber ein Axolotl, Umschulung vom Postbeamten zum Pilateslehrer, oder doch vom Hunsrück nach Helgoland umziehen? Ja, und kaum haben wir ein halbes Jahrhundert hinter uns, hatten wir endlich die Zeit, das zu tun, worauf wir Bock haben: Die Kinder können sich eigenständig ankleiden, der Hauskredit rückt immerhin langsam in die Nähe von „abbezahlt", wir wissen, wer wir sind, was wir wollen und wie man eine Dose Hugo ins Kino schmuggelt. Man könnte jetzt anfangen, ein sorgenfreies Leben zu führen, wenn man sich nicht ständig neue Bürden aufladen würde: Wir ärgern uns über unseren Hallux valgus, von dem wir bis vor Kurzem noch geglaubt haben, das sei eine Mittelalter-Rockband. Wir schämen uns ein bisschen, weil wir mit der Neuzeit immer weniger klarkommen und glauben, TikTok sei das mit den zwei Kalorien. Wir stehen kurz vor einem Nervenzusammenbruch, wenn der Partner mal wieder zehn einzelne Spaghetti in der Packung zurücklässt. Wir fragen uns, was wir in der Erziehung falsch gemacht haben, weil das Kind FDP wählen will. Wir trauen uns nicht, den Job zu wechseln, weil wir fürchten, dass wir mit unseren Word für Windows 3 Kenntnissen nicht weit kommen. Die Zeit wird knapp, der Lieblingspulli auch, und den Satz „Machen Sie mal langsamer!" hören wir nicht mehr von der Polizei, sondern von unserem Hausarzt.

Kurz, es gibt so vieles, worüber man sich ab der Lebensmitte Gedanken und Sorgen macht. Aber wie wäre es, den „Was war diese Woche doch für ein beschissenes Jahr!"-Modus mal auf Pause zu stellen und die Dinge, die wir nicht ändern können, einfach hinzunehmen und zu sagen: Isso. Machste nix. Schließlich ist noch nicht aller Tage Abend, auch wenn jeden Tag der Abend ein bisschen eher zu kommen scheint. Also: Nicht jammern, dass wir im Freizeitpark schon die Seniorenkarte kriegen, sondern freuen, dass die eben auch 20 Euro weniger kostet. Zu COREGA Tabs stehen – denn schließlich kann man damit super seine alten Nietengürtel sauber kriegen! Oder sich wenigstens für jede Lebenslage einen Notfallplan parat halten. Ich schaue zum Beispiel immer, wenn es mir schlecht geht, konzentriert auf den Einkaufswagenchip-Anhänger, der fest am Reißverschluss meiner Handtasche baumelt. Zumindest für eine kurze Zeit habe ich dann das Gefühl, ich hätte mein Leben im Griff.

Und wenn das mal nicht klappt, habe ich immer noch meine Gejammer-Austauschliste, die ich neben Bachblüten und Notfall-Snickers immer in der Jackentasche habe und die vielen altbekannten Denkmustern Paroli bietet:

Statt ...	... lieber:
„Wäääh, ich bin zu dick, zu dünn, zu klein, zu papayaförmig ..."	„Ich bin NICHT wie Erika Steinbach. Alles andere kann man ertragen."
„Mein Nachbar fährt einen Lamborghini!"	„Mein Nachbar glaubt, dass es Lambordschini heißt!"
„Früher hat man noch nicht so viel Geschiss um die Kinder gemacht!"	„Ja, stimmt. Wir sind auf der Autobahn auf dem Rücksitz des Audi 80 eingepennt. Ohne Gurt, denn den hat man wegen des Zigarettenqualms eh nicht gefunden!"
„Ich habe meinem Partner nichts mehr zu sagen."	Der Satz „Du kannst das Shirt gerne anlassen. Wenn es DICH nicht stört." geht immer!
„Alle fahren in den Skiurlaub, nur wir zum siebten Mal nach Spiekeroog!"	„Tja, aber in Ischgl kann man nicht unauffällig ins Wasser pinkeln!"

Statt ...	... lieber:
„Mein rechtes Bein tut weh."	„Aber das linke nicht."
„Mein Kind zieht aus, wir haben als Eltern versagt!"	„Endlich ein extra Zimmer, das ich mit schalldichten Wänden versehen und ungehemmt Boney M. hören kann!"
„Alle meine Arbeitskollegen sind mindestens zehn Jahre jünger als ich!"	„Ist doch toll, denn spätestens nach dem dreizehnten ‚Zieht euch endlich Socken an die Füße, Kinder, es ist Winter!' hat man das Büro für sich allein."
„Meine Haare werden immer dünner."	„Föhnen dauert nur noch 30 Sekunden."
„Es regnet schon seit Wochen!"	„Tja, da kann ich wohl keine Fenster putzen. Schaaade!"

Statt …	… lieber:
„Jetzt bin ich zu alt, um mich noch großartig zu verändern."	„Nicht vergessen: Man kann aus KARTOFFELN Wodka machen."

Wenn das nicht reicht: Seien Sie ruhig kreativ! Setzen Sie auf den Wäschestapel im Bad zu Weihnachten einfach eine funkelnde Christbaumspitze drauf! Sagen Sie Ihrem Bankberater mit heruntergelassener Sonnenbrille: „Ich weiß, ist gerade schlecht, aber ich bastle gerade an einem bombensicheren Geschäftsmodell in der Import-Export-Branche!" Legen Sie Ihrem Partner einfach mal gelbe Post-its statt Käsescheiben auf das Büro-Sandwich oder lesen Sie dieses Buch. Sie werden sehen, wie viele absurde Alltagsirritationen das Leben bereithält und wie unendlich viele Möglichkeiten es gibt, diese demütig anzunehmen, meisterhaft zu analysieren oder sie unter einem misslungenen Maulwurfkuchen zu begraben.

Wenn Sie inmitten Ihres Sorgen-Cocktails partout keine Muße für die Lektüre haben, dann ist auch das natürlich in Ordnung. Man kann sie nicht alle retten, sagt immer meine Freundin Tine vom lokalen Katzenschutzverein.

Horst Evers

Psychoratgeber – Was taugen sie wirklich? – Ein Selbstversuch

Ausgelöst wurde alles eigentlich von Paula. Die hatte nämlich ihren Wohnungsumzug auf einen Samstagmorgen um 8 Uhr gelegt und dann auch noch den Schneid besessen, unter anderem mich zu fragen, ob ich nicht dabei helfen wollte. Ich wollte nicht. Wie kann man einen Umzug auf 8 Uhr morgens legen und dann noch denken, irgendjemand würde dabei helfen wollen? Das ist doch, als würde man sich mutwillig den Kopf kahl scheren und dann zum Frisör gehen und eine Dauerwelle verlangen. Da sie die Bitte allerdings in einer größeren Runde vortrug, brachte ihr der entstehende Gruppenzwang doch einige nicht nachvollziehbare Zusagen ein. Nur ich weigerte mich standhaft, zuerst durch beharrliches Schweigen, dann mit Argumenten: „Tut mir leid, aber mein Terminkalender beginnt erst um neun, ich kann mir das gar nicht notieren", später nur noch mit Trotz. Aber erst als Thomas anbot, mich um zwanzig vor acht mit dem Auto abzuholen, war ich gerettet. Thomas, der alte Schluffi, niemals würde der das schaffen. Er würde wie immer verschlafen irgendwann zwischen zehn und elf vor meiner Tür stehen. Ich würde verärgert so was sagen wie: „Na, jetzt lohnt's auch nich mehr!", dann Paula anrufen, ihr empört alles erklären, das Ganze wäre Thomas' Schuld und ich fein raus. Verschlagen kichernd nahm ich Thomas' großzügiges Angebot an. Der Umzugssamstag kam, und ich schlummerte wohlig eingehüllt in meinem Bett, bis mich Thomas herausklingelte. Genüsslich nahm ich den Hörer in die Hand, wählte Paulas Nummer und eröffnete: „Tut mir leid, Paula, aber Thomas, die Pappnase, ist erst jetzt gekommen, es ist immer dasselbe, ich ...", als sie mich unterbrach:

– Kein Problem Horst, es ist zwanzig vor acht.

Ich war entsetzt. Thomas war pünktlich? Fließt Wasser jetzt bergauf? Stunden, ja Tage hatte ich schon in irgendwelchen Cafés mit dem Warten auf diese notorische Schnarchnase verbracht. Aber kein einziges Mal war ich auch nur annähernd so sauer gewesen wie diesmal, da er zum ersten Mal pünktlich war. In Thomas' Auto, auf dem Weg zu Paula, fragte ich ihn nach dem Grund für seine plötzliche Unzuverlässigkeit.

– Weißt du Horst, ich hab mein Leben geändert. Den ganzen Tag nur rumschluffen, nix geregelt kriegen, die meiste Zeit nur vorm Fernsehn abhängen. Das war mir nix mehr.

Na toll. Als ob mir das immer Spaß machen würde. Klar fällt einem das nicht immer leicht, aber so ist das Leben nun mal. Da muss man einfach durch. Der soll sich gefälligst zusammenreißen.

Ich fragte ihn, wie er denn diese Veränderung hingekriegt hätte.

Er lachte:

– Ob du's glaubst oder nicht, mit einem dieser Psychoratgeber aus einer Zeitschrift.

Er nestelte eine rausgerissene Seite aus seiner Jackentasche. Ich las: „10 kleine Psychotricks für ein erfolgreicheres und glücklicheres Leben!!!"

Es ging los mit dem üblichen Blödsinn. „Sorgen Sie für ausreichend Licht in Ihrer Wohnung, achten Sie auf ein gepflegtes Äußeres, ernähren Sie sich bewusst, setzen Sie sich kurzfristig erreichbare Ziele ..." Zeugs eben, ich dachte mir ein weltmännisches: Jajaja ... und kam zu den konkreten Tipps:

„Überlegen Sie sich immer schon am Vorabend eine unangenehme Pflicht, die Sie am nächsten Tag erledigen werden. Machen Sie dies dann als Erstes nach dem Aufstehen, und Sie werden verblüfft sein, wie Ihnen das Gefühl, schon etwas geschafft zu haben, Energie und Kraft für den ganzen Tag gibt."

Na ja, das klang plausibel. Mehr Energie haben, bisschen mehr geregelt kriegen, etwas weniger fernsehn, so ganz schlecht würde mir das eigentlich auch nicht tun. Ich beschloss, das Ganze gleich am Montag auszuprobieren. Mein Ziel sollte es sein, endlich mal das Küchenfenster zu putzen. Um sicherzustellen, dass alles gut gehen würde, befolgte ich auch noch den letzten Rat:

„Formulieren Sie Ihr Ziel in einem Satz. Prägen Sie sich diesen Satz gut ein, und sprechen Sie ihn in kritischen Phasen plötzlicher Energielosigkeit zehnmal laut aus."

Montagmorgen, 9 Uhr, klingelt der Wecker. Schlage frisch und ausgeruht die Augen auf. Will aufstehn. Erinnere mich dann, muss als Erstes Küchenfenster putzen. Habe plötzlich Angst vor dem Aufstehn. Werde schlaff und energielos. Will laut und deutlich zehnmal sagen: „Ich werde mein Leben glücklicher und erfolgreicher gestalten und überhaupt mal irgendwie mehr geregelt kriegen, nich mehr so viel rumhängen."

Bei der siebten Wiederholung aber schlafe ich, vom Satzaufsagen erschöpft, überraschend nochmal ein.

11.15 Uhr, wache erneut auf, bin diesmal cleverer und nutze die Phase des Satzaufsagens zum gleichzeitigen Aufstehn und Anziehn. Klemme Eimer unter den Wasserhahn und lasse Fensterputzwasser ein. Döse beim Einlassen des Wassers erneut weg, wache aber, als das Wasser über den Eimerrand schwappt und auf meine Hose läuft, schnell wieder auf. Hänge die nasse Hose in das Schlafzimmerfenster, damit sie im starken Wind schnell trocknet. Putze dann das Küchenfenster. Geht gut. Bin verblüffend schnell fertig. Denke: Mensch, is das auf einmal hell in der Küche. Mache das Küchenlicht aus und kann immer noch alles sehen. Bin beeindruckt. Fühle mich energetisch aufgeladen und spüre mächtige innere Zufriedenheit. Gutes Gefühl.

Ein Windstoß erfasst die Hose und schleudert sie nach draußen. Innere Zufriedenheit bröckelt. Schimpfe fürs Erste mal vor mich hin, bis mir auffällt, dass Portemonnaie und Wohnungsschlüssel in der Hose sind. Stürze unüberlegt aus der Wohnung und werfe Tür ins Schloss. Bemerke, wie ich so in meiner Unterhose auf dem Bürgersteig stehe, dass es Januar und sehr kalt ist. Der Wind hat meine Hose bis zur Kreuzung geschleudert. Laufe in meiner Unterhose zur richtigen Hose. Rufe währenddessen unaufhörlich: „Ich werde mein Leben erfolgreicher gestalten und überhaupt mal mehr geregelt kriegen." Versuche, die mich dabei anstarrenden Passanten zu ignorieren, muss aber ständig an die Forderung: „Achten Sie auf ein gepflegtes Äußeres" denken. Erreiche die Hose. Bemühe mich während des Anziehens der nassen, jetzt auch dreckigen und leicht steif gefrorenen Hose, so normal wie nur möglich auszusehen. Bemerke, als ich die Hose anhabe, dass der Wohnungsschlüssel doch nicht in der Tasche ist. Fühle schon wieder kritische Phase plötzlicher Energielosigkeit in mir hochsteigen.

Erinnere mich, dass sich Freunde immer über mein Wohnungsschloss lustig gemacht haben: „Dit soll 'n Schloss sein, dit iss 'n schlechter Witz, 99 von 100 Leuten haben das in fünf Sekunden mit 'nem stabilen Draht geknackt." Werde wieder zuversichtlich. Klingel bei der Nachbarin, um mir stabilen Draht zu leihen.

Die Nachbarin betrachtet lange den großen, feuchten Fleck auf meiner Hose, der sich in undefinierbaren Rändern vom Schoß aus über beide Hosenbeine ergießt. Sie sagt aber nix und gibt mir den Draht. Versuche, die Tür mit dem Draht in fünf Sekunden zu öffnen. Nach zehn erfolglosen Minuten gebe ich auf. Bin ein bisschen stolz: „Na, so schlecht ist das Schloss ja offensichtlich doch nicht." Weine dann still in mich rein.

Ein Mann kommt die Treppe hoch, fragt, ob er mir helfen kann. Sage: „Ich krieg die Tür nicht auf." Er fragt, ob ich auch bestimmt in der Wohnung wohne. Zeige ihm meinen Personalausweis. Er betrachtet das

Foto, bittet mich, den Fußabtreter kurz auf meinen Kopf zu legen, um Haare zu simulieren, nickt; vergleicht meinen Namen im Personalausweis mit meinem Namen an der Wohnungstür, nickt wieder; nimmt den Draht und öffnet innerhalb von drei Sekunden die Tür. Dann marschiert er in die Wohnung, postiert sich vor dem Fernseher und stellt sich vor: „Gestatten, Schulze, ich komm von der Gebühreneinzugszentrale, GEZ, Sie haben nicht angemeldete Fernseh- und Radiogeräte in der Wohnung?"

Ich murmel: „Ich werde mein Leben erfolgreicher und glücklicher gestalten und …"

– Wie lange hamm Se den Fernseher schon?

– Aäh, erst gestern gekauft.

– Vorher hatten Sie keinen Fernseher?

– Nein.

Der GEZ-Mann lächelt süffisant, schaut auf die ca. 200 bis zum Rand voll aufgenommenen und beschrifteten Videokassetten und sagt:

– Na, da hatten Sie letzte Nacht aber ganz schön zu tun, was? Na egal, ich denke, wir füllen denn mal gleich die Anmeldung aus, was?

Verdammt, mache einen verzweifelten Versuch:

– Sagen Sie mal, wie verdient man denn so als GEZ-Beauftragter?

– Wie meinen Sie das? Wollen Sie mich bestechen?

– Bestechen? Nein, um Gottes willen, natürlich nicht ...

– Ach so. Schade.

Aha. Na denn. Lege 20 Mark auf den Schreibtisch und sage:

– Hoppla, wo kommen die denn her? Kann das sein, dass Sie die hier verloren haben?

– Unmöglich. Wenn ich schon mal überraschend Geld verliere, dann nie weniger als 200 Mark.

Mist, so viel hab ich nicht da. Ich muss verhandeln.

– Ich fürchte in diesem Haushalt können Sie momentan nicht mehr als 50 Mark verlieren.

– Oh nee, dann verlier ich Ihr Geld lieber gar nicht. Aber Ihr Fernseher, den könnt ich mir vorstellen, hier verloren zu haben.

Fünf Minuten später zieht er mit dem wiedergefundenen Fernseher von dannen. Freue mich über die gesparten GEZ-Gebühren, bin aber trotzdem nicht sicher, ob es wirklich ein guter Deal war. Überlege, ob mein Leben jetzt tatsächlich glücklicher und erfolgreicher ist? Na ja, zumindest spricht schon mal einiges dafür, dass ich in nächster Zeit deutlich weniger Fernsehn gucken werde.

Susanne M. Riedel

Das Perlhuhn

Es gibt ja so Sätze, bei denen man einen Moment braucht, bis man weiß, was man darauf erwidern soll. Manchmal fällt es einem auch erst ein, wenn der Betreffende längst schon wieder weg ist, so geht es mir jedenfalls oft.

Letzte Woche beispielsweise habe ich von einem Kollegen eine Blume geschenkt bekommen. Also – fast. Er sagte wörtlich: „Susanne, ... ich wollte dir eine Blume zum Abschied schenken. Es wäre eine Calla gewesen, meine Lieblingsblume, ... aber dann war es schon so spät."

Was sagt man da? Danke?! Ich glaube, ich habe „Danke" gesagt.

Ein anderer Kollege erzählte mir ganz unvermittelt von den Vorbereitungen auf seine anstehende Darmspiegelung. Es war noch nicht mal 8 Uhr, ich hatte mir eigentlich nur einen Kaffee holen wollen, seine Tür stand auf, und nun stand ich da in diesem Türrahmen, erwiderte was in der Art von „Ja blöd, dieses ganze Zeug vorher trinken, das macht wirklich keinen Spaß" und wandte mich zum Weitergehen. Doch da hielt er mich zurück. Leise schloss er die Tür hinter uns, sah mir tief in die Augen und sagte nach einer bedeutungsvollen Pause: „Ich habe dann immer solche Schwierigkeiten mit dem Stuhlgang."

Ich bin Sozialarbeiterin, ich kenne seltsame Gespräche, schon von Berufs wegen – aber Sätze wie dieser überfordern mich. Mein Fluchtinstinkt meldet sich dann, und mir fallen höchstens blödsinnige Antworten ein. In diesem Fall war es: „Na, dann ... guten Rutsch!" Was soll man auch sagen?

Erfrischend ist es dann, wenn man statt verstörender Botschaften einfach mal unerwartete Antworten bekommt. Wenn man zum Beispiel eine Kollegin fragt, wie es ihr geht, und sie antwortet mit dem Satz: „Ich habe ein Perlhuhn getöpfert!"

Meine Kollegin Christa ist aus der Reha zurück und heute den ersten Tag wieder da. Ich freue mich wie Bolle, denn wenn Christa nicht da ist, fehlt mir ihr Lachen, meine Mundwinkel hängen ganz von allein zwei Grad tiefer, auf den Fluren ist es gefühlt zwei Grad kälter und vor allem um einiges langweiliger. Mit niemand anderem berede ich Episoden und Eskapaden, Lokalpolitik und Lotterleben so gerne wie mit Christa. Mit ihr kann man Sorgen teilen, tief schürfen, über Flachwitze lachen und in Sitzungen Grissini rauchen, wenn die nächste Zigarettenpause noch zu lange hin ist.

Christa ist empathisch, bis der Arzt kommt, und die Güte in Person. Wäre die Firma Raumschiff Enterprise, Christa wäre Counselor Troi.

Empathinnen haben es gemeinhin nicht leicht im Leben, deshalb habe ich mich sehr gefreut, als Christa sich die Zeit für eine Reha genommen und sich zur Abwechslung mal ein bisschen um sich selbst gekümmert hat. Nun ist sie zurück, und ich frage:

„Hey Christa, wie geht es dir, hattest du eine gute Zeit?"

Und sie antwortet mit zusammengekniffenen Augen und fester Stimme: „Ich habe ein Perlhuhn getöpfert!"

„Du hast was?"

„Ich habe ein Perlhuhn getöpfert!"

„Du hast ein Perlhuhn getöpfert."

„Ja. Aus Rache."

An dieser Stelle ist meine Neugier endgültig geweckt. Es war rund um den Muttertag, erzählt sie dann, dass sie im Freizeitprogramm der Reha-Klinik das Töpfern für sich entdeckt hat und die folgenden drei Wochen Tag um Tag und voller Freude töpferte, was das Zeug hielt.

„Meine Kinder sind endlich groß, Susanne, verstehst du?", sagt sie eindringlich und legt eine Hand auf meinen Unterarm: „Es ist an der Zeit!"
Als ich immer noch verwirrt schaue, sagt sie:
„All die Jahre, die ich mich freuen musste über selbst gemalte Bilder und all das getöpferte Zeug, von dem man nicht mal wusste, was es darstellen soll! Und immer musstest du alles geben und dich freuen und sagen: ‚O wie toll, das hast du aber ganz schön gemacht, Liebling!', und dachtest eigentlich nur: ‚Wohin jetzt wieder mit dem Scheiß?'"

Ich denke nach. Und ja, ich teile diese Erfahrung. In meinem Nachttisch habe ich eine extra Schublade für so was, ganz unten. Hier finden sich laminierte Tuschebilder aus der Kita, mit Autos bestickte Lesezeichen, mit Reis gefüllte Polyestertiere und Schlüsselanhänger aus neonfarbenen Bügelperlen ...
– die Muttertagsschublade.

„Ich habe für alle Kinder was getöpfert", sagt Christa, „und sie dann dabei beobachtet, wie sie sich freuen mussten!" Ein Sohn habe einen Stiftebehälter bekommen mit einem modellierten Seestern darauf, der andere eine Art Schale, und Sohn Nr. 3 – da wisse sie auch nicht so genau, was es sein sollte. Während sie erzählt, blitzt es in ihren Augen. „Susanne", sagt sie und nimmt meine Hand: „Ab heute wird zurückgetöpfert!"

Mich ergreift tiefe Ehrfurcht.

Nur das Perlhuhn – das hat sie behalten. Es steht auf dem Regal in ihrem Büro und soll ihr fortan eine Erinnerungsstütze sein. Und mir eine Mahnung, mich lieber nie, niemals mit Christa anzulegen.

Daniela Vogel

Von unruhigen Schwingungen und anderem Yoga-Dings

Ich dreh noch durch!!!

Kennen Sie das? Wenn andere Menschen so unglaublich ruhig und mit sich im Reinen sind – und das auch so gerne mit ihrem Umfeld teilen möchten … Arrr, ich könnt schon wieder …!

„Sabine, du musst dich mehr entspannen. – Atme doch mal tief durch den Bauch. – Du musst deinem Atem näherkommen ..."

Häh? Meine Güte, selten so einen Unsinn gehört. Wo haben die das nur alle plötzlich her?! Ist das so ein Corona-Phänomen? Sogar unsere Tochter versucht mich jetzt auf die dunkle Seite der Macht, äh, für Yoga zu begeistern. Und ich bin begeistert. Und wie. – Wirklich! Man merkt mir das nur nicht so an.

Vielleicht sollte ich mich auf das Thema einfach mal einlassen. So wie bei diesen Vertrauensübungen. Augen zu, nach hinten fallen lassen und darauf hoffen, dass dich jemand auffängt. Denn ich bin wirklich leicht zu stressen.

Wenn morgens der Wecker klingelt, ist oft der Tag für mich schon gelaufen. Das Wasser in der Dusche kommt mal wieder nur tröpfchenweise, obwohl unser Klempner, der liebe, nette und leider absolut unzuverlässige Herr Broslowski, beteuert hat: „Aber sicher Frau Liske, datt kriegen wir doch hin, Frau Liske. Datt setz ich mir ganz oben auf de Liste. Kein Ding." – So, und jetzt versuchen Sie mal, dreißig Zentimeter langes dichtes Haar tröpfchenweise auszuspülen!

Gefühlte fünf Stunden später finde ich mich dann in der Küche ein, darf mir mitteilen lassen, dass ich natürlich wieder mal das „falsche" Brot gekauft habe (denn die Ökobilanz des äußerst schmackhaften Discountbrotes in der Plastiktüte sei ja katastrophal) und entdecke, dass mir das letzte Schlückchen Milch von meinem Mann vor der Nase weggeschnappt wurde. Und dabei mag ich diese Hafermilch nicht mal wirklich, aber Tierprodukte sind im Hause Liske ja seit der Pubertät unserer Tochter ebenso schlimm, als hätte ich Katzenbabys in der Regentonne ertränkt.

Bei der Arbeit geht es ebenso beschaulich weiter und ich überlege schon, ob ich statt der Katzenbabys vielleicht lieber jemand anderen … lalala … – da fällt mir eine der Weisheiten unserer Tochter ein, mit denen sie uns seit einem halben Jahr beglückt: *Beruhige dein Herz, lerne loszulassen!*

Das verinnerliche ich dann auch sofort – dummerweise leider zu wörtlich, da ich die Kaffeetasse noch in der Hand hatte. Aber egal. Ich bin ruhig und gelassen. Und ich beschließe, heute ein paar meiner Überstunden zu nehmen, weil mir der ganze Stress nicht guttut. Das rate ich auch meinem Chef, als ich mich kurz nach Mittag mit einem Winken verabschiede und seinem verkniffenen Gesicht noch zurufe: „Ich lasse jetzt looos! Sollten Sie auch mal probieren."

Zu Hause erwartet mich leider nicht die erhoffte Ruhe, sondern das ewig gleiche Chaos: „Den hatte ich zuerst!" – „Das ist aber meiner!" – „Gib das sofort her!" – „Aua!" – „Maaaamaaaa!" – „Petze!" –

Doch ich bin die Ruhe selbst.

Na schön, vielleicht bin ich gerade versucht, wieder in alte Muster zu verfallen, als ich die Stimme unserer Ältesten flüstern höre: „Ihr verbreitet ein ganz schlechtes Karma. Diese unruhigen Schwingungen, könnt ihr das spüren? Vermutlich sind eure Herz-Chakren blockiert. Setzt euch, wir meditieren jetzt gemeinsam. Ich hole kurz meine Klangschale."

Ähh …??

„Ah, Mama, du bist schon da. Setz dich doch dazu. Das wird dir guttun."

Na dann, auf geht's!

Nach einer halben Stunde Klangschalentherapie, in der wir unser inneres Selbst hervorgeholt haben (Fragen Sie mich bitte nicht wie) und mit reichlich OMMs unser seelisches und körperliches Ungleichgewicht wieder harmonisiert haben (oder so ähnlich …), fühle ich mich tatsächlich ein bisschen high. Schon irgendwie cool, wie so ein bisschen Ding und Dong einen runterholen kann. Hach … einatmen … hach … ausatmen … o ja … OMM … einfach herrlich …

„Ach Mama", flüstert da eine Stimme zu meiner Rechten, „Ist doch okay, wenn ich mit Maja heut Abend zu dieser Party gehe, oder? Ich bleib dann einfach über Nacht bei ihr, dann brauchst du dir auch keinen Stress machen."

Hmm? Wie?

OMM … ach herrlich … so entspannt war ich schon lange nicht mehr …

„Mama?"

Hmm?

„Is doch okay, oder?"

„Aber sicher, Schatz. Aber sicher."

Mann, bin ich entspannt. OMM …

Ephraim Kishon

Onkel Morris und das Kolossalgemälde

Der Tag begann wie jeder andere Tag. Im Wetterbericht hieß es „wechselnd wolkig bis heiter", die See war ruhig, alles sah ganz normal aus. Aber zu Mittag hielt plötzlich ein Lastwagen vor unserem Haus. Ihm entstieg Morris, ein angeheirateter Onkel meiner Gattin mütterlicherseits.

„Ihr seid übersiedelt, höre ich", sagte Onkel Morris. „Ich habe euch ein Ölgemälde für die neue Wohnung mitgebracht."

Und auf einen Wink seiner freigebigen Hand brachten zwei stämmige Träger das Geschenk angeschleppt.

Wir waren tief bewegt. Onkel Morris ist der Stolz der Familie meiner Frau, ein sagenhaft vermögender Mann von großem Einfluss in einflussreichen Kreisen. Gewiss, sein Geschenk kam ein wenig spät, aber schon die bloße Tatsache seines Besuchs war eine Ehre, die man richtig einschätzen musste.

Das Gemälde bedeckte ein Areal von vier Quadratmetern, einschließlich des gotisch-barocken Goldrahmens und stellte das jüdische Gesamterbe dar. Rechts vorne erhob sich ein kleines „Städel". Es lag teils in der Diaspora, teils in einem Alptraum und war von vielem Wasser und vielem sehr blauem Himmel umgeben. Zuoberst prangte die Sonne in natürlicher Größe, zuunterst weideten Kühe und Ziegen. Auf einem schmalen Fußpfad wandelte ein Rabbi mit zwei Torarollen, ihm folgte eine Anzahl von Talmudschülern, darunter einige Wunderkinder sowie ein Knabe kurz vor Erreichung des dreizehnten Lebensjahrs, der sich für seine Bar-Mizwa vorbereitete. Im Hintergrund sah man eine Windmühle, eine Gruppe von Geigern, den Mond, eine Hochzeit und einige arbeitende Mütter, die im Fluss ihre Wäsche wuschen. Auf der linken Seite öffnete sich die hohe See, komplett mit Segelbooten und Fischernetzen. Aus der Ferne grüßten Vögel und die Küste Amerikas.

Noch nie in unserem ganzen Leben hatten wir ein derartiges Konzentrat von Scheußlichkeit erblickt, obendrein in quadratischem Format, in neoprimitivem Stil und in Technicolor.

„Wahrhaft atembeklemmend, Onkel Morris", sagten wir. „Aber das ist ein viel zu nobles Geschenk für uns. Das können wir nicht behalten!"

„Macht keine Geschichten", begütigte Onkel Morris. „Ich bin ein alter Mann und kann meine Sammlung nicht mit ins Grab nehmen."

Als Onkel Morris, der Stolz der Familie meiner Frau,

gegangen war, saßen wir lange vor dem in Öl geronnenen Schrecknis und schwiegen. Die ganze Tragik des jüdischen Volkes begann uns zu dämmern. Es war, als füllte sich unsere bescheidene Wohnung bis zum Rande mit Ziegen, Wolken, Wasser und Talmudschülern. Wir forschten nach der Signatur des Täters, aber er hatte sie feig verborgen. Ich schlug vor, die quadratische Ungeheuerlichkeit zu verbrennen. Meine Gattin schüttelte traurig den Kopf und wies auf die eigentümliche Empfindlichkeit hin, durch die sich ältere Verwandte auszeichnen. Onkel Morris würde uns eine solche Kränkung niemals verzeihen, meinte sie.

Wir beschlossen, dass wenigstens niemand anderer das Grauen je zu Gesicht bekommen sollte, schleppten es auf den Balkon, drehten es mit der öligen Seite zur Mauer und ließen es stehen.

Eine der dankenswertesten Eigenschaften des menschlichen Geistes ist die Fähigkeit zu vergessen. Wir vergaßen das Schreckensgemälde, das von hinten nicht einmal so schlecht aussah und gewöhnten uns allmählich an die riesige Leinwand auf unserem Balkon. Eine Schlingpflanze begann sie instinktiv zu überwuchern. Manchmal des Nachts konnte es freilich geschehen, dass meine Frau jäh aus ihrem Schlaf emporfuhr, kalten Schweiß auf der Stirn.

„Und wenn Onkel Morris zu Besuch kommt?"

„Er kommt nicht", murmelte ich verschlafen. „Warum sollte er kommen?"

Er kam.

Bis ans Ende meiner Tage wird mir dieser Besuch im Gedächtnis haften. Wir saßen gerade beim Essen, als die Türglocke erklang. Ich öffnete. Onkel Morris stand draußen und kam herein. Das Ölgemälde schlummerte auf dem Balkon, mit dem Gesicht zur Wand.

„Wie geht es euch?", fragte der Onkel meiner Gattin mütterlicherseits.

Im ersten Schreck – denn auch ich bin nur ein Mensch – erwog ich, mich durch die offengebliebene Tür davonzuschleichen und draußen im dichten Nebel zu verschwinden. Gerade da erschien meine Frau, die beste Ehefrau von allen. Bleich, aber gefasst stand sie im Türrahmen und zwitscherte: „Bitte nur noch ein paar Sekunden, bis ich Ordnung gemacht habe! Ephraim, unterhalte dich so lange mit Onkel Morris. Das kann nur gut für dich sein."

Ich versperrte Onkel Morris unauffällig den Weg ins Nebenzimmer und verwickelte ihn in ein angeregtes Gespräch. Von nebenan klangen verdächtige Geräusche, schwere Schritte und ein sonderbares Pumpern, als schleppte jemand eine Leiter hinter sich her. Dann machte ein fürchterlicher Krach die Wände erzittern und dann klang die schwache Stimme der besten Ehefrau von allen: „Ihr könnt hereinkommen."

Wir betraten das Nebenzimmer. Meine Frau lag erschöpft auf der Couch und atmete schwer. An der Wand hing, noch leise schaukelnd, Onkelchens Ölgeschenk, verdunkelte das halbe Fenster und sah merkwürdig dreidimensional aus, denn es bedeckte noch zwei kleinere Gemälde nebst der Kuckucksuhr, und zwar dort, wo die Berge waren, die sich infolgedessen deutlich hervorwölbten.

Auf Onkel Morris machte die bevorzugte Behandlung, die wir seinem Geschenk angedeihen ließen, den denkbar günstigsten Eindruck. Nur den Platz, an dem wir es aufgehängt hatten, fand er ein wenig dunkel. Wir baten ihn, nächstens nicht unangemeldet zu kommen, damit wir uns auf seinen Besuch vorbereiten könnten.

„Papperlapapp", brummte Onkel Morris leutselig. „Für einen alten Mann wie mich braucht man keine Vorbereitungen. Ein Glas Tee, ein paar belegte Brote, etwas Gebäck – das ist alles …"

Seit diesem Zwischenfall lebten wir in ständiger Bereitschaft. Von Zeit zu Zeit hielten wir Alarmübungen ab: Wir stellen uns schlafend – meine Frau ruft plötzlich: „Morris!" – ich springe mit einem Panthersatz auf den

Balkon – unterdessen fegt meine Frau alles von den Wänden des Zimmers herunter – eine Notleiter liegt griffbereit unterm Bett – und im Handumdrehen ist alles hergerichtet. Wir nannten diese Übung „Unternehmen Haman" (weil es etwas mit Aufhängen zu tun hat). Nach einer Woche intensiven Trainings bewältigten wir die ganze Prozedur – vom Ausruf „Morris" über das aufgehängte Bild bis zur Verwischung sämtlicher Spuren – in knappen zweieinhalb Minuten. Ein bemerkenswerter sportlich-artistischer Rekord.

Eines schicksalsschweren Sabbats kündigte uns Morris seinen Besuch an. Da er erst am Nachmittag kommen wollte, hatten wir genügend Zeit zur Vorbereitung und beschlossen, das Äußerste aus der Sache herauszuholen. Ich stellte rechts und links in schrägem Winkel zum Gemälde zwei Scheinwerfer auf, die ich mit rotem, grünem und gelbem Zellophanpapier verkleidete. Meine Frau besteckte den Goldrahmen mit erlesenen Blumen und Blüten. Und als wir dann noch das Scheinwerferlicht einschalteten, durften wir uns sagen, dass kein Grauen jemals diesem hier gleichkäme.

Pünktlich um fünf Uhr nachmittags ging die Türglocke. Während meine Frau sich anschickte, Onkel Morris liebevoll zu empfangen, richtete ich zur Steigerung des Effekts den einen Scheinwerfer auf die weidenden

Ziegen und den andern auf die waschenden Mütter. Dann öffnete sich die Tür. Dr. Perlmutter, einer der wichtigsten Männer im Ministerium für Kultur und Erziehungswesen, trat mit seiner Gattin ein.

Dr. Perlmutter gehört zur geistigen Elite unseres Landes. Sein Geschmack ist in intellektuellen Kreisen geradezu sprichwörtlich. Seine Gattin leitet eine repräsentative Galerie. Und diese beiden kamen jetzt herein.

Einige Sekunden lang schien die Zeit stillzustehen. Dann sah es aus, als wollte Dr. Perlmutter in Ohnmacht fallen. Dann unternahm ich, mit dem Rücken zum Öl, eine lahme Rettungsaktion und verdeckte wenigstens die weidenden Ziegen. Dann sagte jemand in meiner Kehle: „Was für eine freudige Überraschung. Bitte nehmen Sie Platz."

Dr. Perlmutter, immer noch leise schwankend, hatte seine Brille abgenommen und rieb hartnäckig die Gläser.

Die verdammten Blumen. Wenn wenigstens diese verdammten Blumen auf dem gotisch-barocken Goldrahmen nicht wären.

„Eine sehr hübsche Wohnung haben Sie", murmelte Frau Dr. Perlmutter. „Und so hübsche ... hm ... Gemälde ..."

Ich fühlte ganz deutlich, wie die Talmudschüler in meinem Rücken chassidische Tänze aufführten. Im Übrigen vergingen die nächsten Minuten in angespannter Reglosigkeit. Die Augen unserer Gäste waren starr auf das Ding gerichtet. Schließlich gelang es meiner tapferen Frau, den einen der beiden Scheinwerfer abzuschalten, aber von den Schultern des Rabbiners abwärts blieb die Szenerie in gleißendes Licht getaucht. Dr. Perlmutter klagte über Kopfschmerzen und verlangte ein Glas Wasser. Als meine tapfere Frau mit dem Glas Wasser aus der Küche zurückkam, schmuggelte sie mir einen kleinen Zettel mit einer Nachricht zu. Der Text lautete: „Ephraim, mach was!"

„Entschuldigen Sie, dass wir so plötzlich bei Ihnen eindringen", sagte Frau Dr. Perlmutter mit belegter Stimme. »Aber mein Mann wollte mit Ihnen über eine Vortragsreise nach Amerika sprechen."

„Ja!", jauchzte ich. „Wann?"

„Keine Eile", sagte Dr. Perlmutter und erhob sich. „Die Angelegenheit ist nicht mehr so dringend."

Es war klar, dass ich jetzt endlich mit einer Erklärung herausrücken musste, sonst wären wir aus dem Kreis der zivilisierten Menschheit für immer ausgestoßen. Meine kleine tapfere Frau kam mir zur Hilfe.

„Sie wundern sich wahrscheinlich, wie dieses Bild

hierhergekommen ist?", wisperte sie.

Beide Perlmutters, schon an der Tür, wandten sich um. „Ja", sagten sie beide.

In diesem Augenblick kam, mit genauer Berechnung, Onkel Morris. Wir stellten ihn unseren Gästen vor und merkten mit Freude, dass sie Gefallen an ihm fanden.

„Sie wollten uns etwas über dieses ... hm ... über dieses Ding erzählen", mahnte Frau Dr. Perlmutter meine kleine tapfere Frau.

„Ephraim", sagte meine kleine tapfere Frau. „Bitte."

Ich ließ meinen Blick in die Runde wandern – vom verzweifelten Antlitz meiner Gattin und den versteinerten Perlmutter-Gesichtern – über die Wunderkinder im Schatten der Windmühle – bis zum stolzgeschwellt strahlenden Onkel Morris.

„Es ist ein sehr schönes Bild", brachte ich krächzend hervor. „Es hat Atmosphäre ... einen meisterhaften Pinselstrich ... und Sonne ... sehr viel Sonne ... Wir haben es von unserem Onkel hier geschenkt bekommen."

„Sie sind Sammler?", fragte Frau Dr. Perlmutter. „Sie sammeln –"

„Nein, solche Sachen nicht", unterbrach Onkel Morris und lächelte abwehrend. „Aber die Jugend von heute – seid nicht bös, Kinder, wenn ich offen bin –, die völlig geschmacklose Jugend von heute bevorzugt diese monströsen Potpourris."

„Nicht unbedingt", sagte ich mit einer Stimme, deren plötzliche Härte und Entschlossenheit mich selbst ein wenig überraschte. Aber jetzt gab es kein Halten mehr. Schon blitzte die Schere in meinen Händen. „Wir haben auch für Bilder kleineren Formats etwas übrig." Damit hatte ich die Schere am linken Flussufer angesetzt. Dieses, drei Kühe und ein Stückchen Himmel waren ihr erstes Opfer. Als Nächstes schnitt ich den Kahn und die zwei Geiger aus. Dann die Windmühle. Dann ging es durcheinander. Die elementare Wollust des Schöpferischen überkam mich. Mit heiserem Gurgeln stürzte ich mich auf das Fischernetz und stülpte es über den Rabbi. Die waschenden Mütter mischten sich unter die Wunderkinder. An der Küste Amerikas herrschte Mondfinsternis. Die Ziegen bereiteten sich zur Bar-Mizwa vor ...

Als ich aufsah, waren wir allein in der Wohnung. Um so besser. So konnten meine Frau und ich alles in Ruhe arrangieren.

Eine Viertelstunde später waren wir im Besitz von zweiunddreißig Bildern in handlichem Format. Wir werden eine Galerie im Zentrum der Stadt eröffnen.

Amelie Fried

Chaotin und Besänftiger

Ich finde, Pünktlichkeit ist ein dehnbarer Begriff. Wenn mein Zug um 10.00 Uhr abfährt, bin ich pünktlich, wenn ich um 9.59 Uhr auf dem Bahnsteig ankomme. Wenn eine Party um 20.00 Uhr beginnt, bin ich auch noch pünktlich, wenn ich um 20.15 Uhr dort eintreffe. Vermutlich sind mir die Gastgeber sogar dankbar, dass ich nicht Punkt acht da bin; schließlich können sie nicht alle Gäste auf einmal begrüßen.

Mein Mann sieht das anders. Wenn wir um acht Uhr eingeladen sind, steht er ab halb sieben wippend im Badezimmer, heuchelt Interesse für mein Outfit und macht mich nervös. Meistens sagt er nicht mal was. Ich weiß aber genau, was er sagen würde, wenn er was sagen würde. Stattdessen steht er einfach nur herum und sieht mir beim Haareföhnen und Wimperntuschen zu. Er selbst ist natürlich längst fertig angezogen und rasiert.

Ich weiß auch nicht, woran es liegt, aber egal, wie viel Zeit ich zur Verfügung habe, am Ende gerate ich immer in Stress. Mir bricht der Schweiß aus, meine mühsam geföhnten Haare fallen zusammen, die Klamotten gefallen mir plötzlich nicht mehr, ich werde hektisch und kriege schlechte Laune. Meist verlassen wir wütend das Haus, streiten im Auto noch ein bisschen und geloben uns dann gegenseitig Besserung.

Mein Mann gehört zu den Menschen, die dreimal kontrollieren, ob alle Fenster und Türen geschlossen sind, bevor er aus dem Haus geht. Er hat alle seine Steuerbelege sorgsam geordnet und immer einen Überblick über den Stand der Haushaltskasse.

Ich hingegen bin imstande, in einem Geschäft zu bezahlen, mich freundlich zu verabschieden – und die Ware liegen zu lassen. Ich merke mir die Geburtstage wildfremder Leute, vergesse aber meinen eigenen Hochzeitstag. Ich schließe mein Auto nicht ab, lasse meine Handtasche mit Geld und Papieren irgendwo rumliegen, verlege ständig wichtige Dokumente und habe keinen blassen Schimmer, wie hoch oder niedrig unser Kontostand ist.

Meinen Mann macht das wahnsinnig. Mich macht es wahnsinnig, dass es ihn wahnsinnig macht. Wir wissen, dass wir in diesen Dingen nie zusammenkommen werden. Dass wir trotzdem seit über zehn Jahren glücklich verheiratet sind, beweist einmal mehr die These, dass man jemanden nicht wegen seiner guten Eigenschaften liebt, sondern trotz seiner schlechten!

Eine Paarbeziehung ist eine Art permanenter Thea-
terinszenierung, in der jeder seine genau festgelegte
Rolle zu spielen hat. Sie die Chaotische und Vergessli-
che, er der Pünktliche und Zuverlässige. Sie die Spon-
tane und Impulsive, er der Überlegte und Systematische.
Sie die Aufbrausende und Cholerische, er der Besänf-
tigende und Mäßigende.

Vermutlich beruht die Qualität einer
Beziehung auf dem geglückten
Zusammenspiel der Charaktere,
weniger darauf, die Unter-
schiede zwischen ihnen aus der
Welt schaffen zu wollen.
Anfangs glaubt man ja, man
könnte den anderen verän-
dern. Man könnte ihm abge-
wöhnen, seine Hemden
falsch herum auf den Bügel
zu hängen, das Essen
schon vor dem Probieren
nachzusalzen, das nasse
Handtuch aufs Bett zu
schmeißen. Nach ein
paar Monaten macht sich
Ernüchterung breit, nach

ein paar Jahren Resignation. Menschen ändern sich nicht.

Bleibt uns Frauen also nichts anderes übrig, als dieses fremdartige Wesen neben uns, genannt Mann, mit Liebe und Interesse zu betrachten. So nehme ich staunend wahr, dass der Alien an meiner Seite wirklich völlig glücklich ist, wenn Bayern gegen Schalke gewonnen hat. Dass er ein dreigängiges Nouvelle-Cuisine-Menü stehen lässt für ein Wurstbrot mit Senf. Dass er sich tatsächlich daran erinnert, wo er seit zwanzig Jahren irgendein Teil für seinen Gitarrenverstärker aufbewahrt. Und ich bemühe mich, tolerant zu reagieren, wenn er nach dem zwölften Einrichtungsladen die Lust auf Shopping verliert, meine Begeisterung für Beziehungsratgeber einfach nicht teilen will und es nicht lassen kann, das Haus aufzuräumen, weil Gäste kommen. Gefährlich wird es nur, wenn einer von uns aus seiner gewohnten Rolle ausbrechen will. Als ich neulich mal ganz gegen meine Gewohnheit aufräumte, um meinem Mann eine Freude zu machen, fragte unser Sohn entsetzt: „Was ist los? Ist Papa ausgezogen?"

Regine Kölpin

Schnarchgewitter

Im Alter fängt so mancher Mann
sehr heftig mit dem Schnarchen an.
Kaum hat er sich ins Bett gelegt,
wird bald ein ganzer Wald zersägt.
Da hilft kein Drehen und kein Wenden,
nicht einmal mehr mit beiden Händen.
Kein Piken in die Flanke,
kein Bitte und kein Danke.
Liegt es am Bier und zu viel Wein?
Könnte es auch der Braten sein?
Was führt bloß zu diesem Laut?
Frau ist wirklich nicht erbaut.
Dieser Lärm macht unentspannt,
das liegt sicher auf der Hand.
Denn der Grund ist auch egal,
bleibt ihr doch die große Qual,
wie das Schnarchen unterbinden?
Eine gute Lösung finden.
Nochmal stupsen, noch mal dreh'n,
irgendetwas muss doch geh'n!

Bleibt nur der Stöpsel für die Ohren,
sie hasst es, ihn dort reinzubohren.
Und es hilft auch nichts, oje,
jetzt tun ihre Lauscher weh.
Was sie nun ganz lautstark hört,
ist ihr Herzschlag und sie schwört
ihrem Gatten echte Rache,
dass er niemals wieder lache.
Sie wird ihn quälen bis ans Ende,
ihm fesseln Beine und auch Hände.
Ihm sein Bier klau'n und den Wein,
nie mehr soll er glücklich sein.
Die Stöpsel müssen wieder raus,
damit zu schlafen ist ein Graus.
Dann ist's ganz plötzlich richtig still.
Sie kann's kaum glauben, doch sie will
sich jetzt einfach fallen lassen,
ihren Gatten nicht mehr hassen.
Endlich schläft sie selig ein.
Schon tönt: „Lass es bitte sein!
Du schnarchst, als würd' ein Wald gefällt
oder wie eine Dogge bellt."
Sie wird gerüttelt und gedreht,
bis es auch ihr wie ihm bald geht.

Am liebsten würde er sie killen,
und schubst sie gegen ihren Willen
mit Schwung aus dem Bett heraus.
Diese Nacht ist echt ein Graus.
Sie kämpfen sich im Ping-Pong-Takt
durchs Schnarchgewitter und exakt
um sechs ist es zu Ende:
Der Wecker bringt die Wende.
Blass und müde sind die beiden,
können sie sich echt noch leiden?
Sie müssen alles anders machen,
im Sitzen schlafen, solche Sachen.
Doch die Moral von der Geschicht:
Die Wende bringt es sicher nicht.

45

Elke Heidenreich

Buddhist

Mein Freund ist Hoteldirektor, immer in besten Häusern. Einmal, in Interlaken, bekam er von einem jahrelangen Stammgast ein riesiges, schweres Paket. Das Paket enthielt ein komplettes 12-teiliges Silberbesteck, mit Suppenkelle und Tortengabeln und allem, was dazugehört.

Und einen Brief des Stammgastes, handgeschrieben. „Lieber Herr B.", schrieb er, „das alles habe ich im Laufe der Jahre in Ihrem Hotel gestohlen. Ich bin gerade dabei, mein ganzes Leben zu ändern, ich werde Buddhist. Das heißt, ich trenne mich sowieso von Dingen, aber auch von Schuld. Darum sende ich Ihnen hier Ihr Besteck zurück, um meine Seele und mein Gewissen frei zu machen."

Mein Freund sagt, seitdem stehe er den diebischen Anwandlungen von Hotelgästen viel gelassener gegenüber. „Eines Tages werden sie vielleicht Buddhisten", denkt er, „dann kommen Salzfässchen, Bademäntel und Handtücher ganz sicher zurück."

Kurt Tucholsky

Die Kunst, falsch zu reisen

Wem Gott will rechte Gunst erweisen,
den schickt er in die –
„Alice! Peter! Sonja! Legt mal die Tasche hier in das
Gepäcknetz, nein, da! Gott, ob einem die Kinder wohl
mal helfen! Fritz, iss jetzt nicht alle Brötchen auf! Du
hast eben gegessen!"
in die weite Welt!

Wenn du reisen willst, verlange von der Gegend, in die
du reist, alles: schöne Natur, den Komfort der Großstadt,
kunstgeschichtliche Altertümer, billige Preise, Meer,
Gebirge – also: vorn die Ostsee und hinten die Leipziger
Straße. Ist das nicht vorhanden, dann schimpfe.
Wenn du reist, nimm um Gottes willen keine Rück-
sicht auf deine Mitreisenden – sie legen es dir als
Schwäche aus. Du hast bezahlt – die andern fahren alle
umsonst. Bedenke, dass es von ungeheurer Wichtigkeit
ist, ob du einen Fensterplatz hast oder nicht; da im
Nichtraucher-Abteil einer raucht, muss sofort und in
den schärfsten Ausdrücken gerügt werden – ist der
Schaffner nicht da, dann vertritt ihn einstweilen und

sei Polizei, Staat und rächende Nemesis in einem. Das verschönt die Reise. Sei überhaupt unliebenswürdig – daran erkennt man den Mann. Im Hotel bestellst du am besten ein Zimmer und fährst dann anderswohin. Bestell das Zimmer nicht ab; das hast du nicht nötig – nur nicht weich werden. Bist du im Hotel angekommen, so schreib deinen Namen mit allen Titeln ein ... Hast du keinen Titel ... Verzeihung ... ich meine: Wenn einer keinen Titel hat, dann erfinde er sich einen. Schreib nicht: „Kaufmann", schreib: „Generaldirektor". Das hebt sehr. Geh sodann unter heftigem Türenschlagen in dein Zimmer, gib um Gottes willen dem Stubenmädchen, von dem du ein paar Kleinigkeiten extra verlangst, kein Trinkgeld, das verdirbt das Volk; reinige deine staubigen Stiefel mit dem Handtuch, wirf ein Glas entzwei (sag es aber keinem, der Hotelier hat so viele Gläser!), und begib dich sodann auf die Wanderung durch die fremde Stadt.

In der fremden Stadt musst du zuerst einmal alles genauso haben wollen, wie es bei dir zu Hause ist – hat die Stadt das nicht, dann taugt sie nichts. Die Leute müssen also rechts fahren, dasselbe Telefon haben wie du, dieselbe Anordnung der Speisekarte und dieselben Retiraden. Im Übrigen sieh dir nur die Sehenswürdigkeiten an, die im Baedeker stehen. Treibe die Deinen erbarmungslos an alles heran, was im Reisehandbuch einen Stern hat – lauf blind an allem andern vorüber, und vor allem: Rüste dich richtig aus. Bei Spaziergängen durch fremde Städte trägt man am besten kurze Gebirgshosen, einen kleinen grünen Hut (mit Rasierpinsel) schwere Nagelschuhe (für Museen sehr geeignet) und einen derben Knotenstock. Anseilen nur in Städten von 500 000 Einwohnern aufwärts.

Wenn deine Frau vor Müdigkeit umfällt, ist der richtige Augenblick gekommen, auf einen Aussichtsturm oder auf das Rathaus zu steigen; wenn man schon mal in der Fremde ist, muss man alles mitnehmen, was sie einem bietet. Verschwimmen dir zum Schluss die Einzelheiten vor Augen, so kannst du voller Stolz sagen: Ich hab's geschafft. Mach dir einen Kostenvoranschlag, bevor du reist, und zwar auf den Pfennig genau, möglichst um hundert Mark zu gering – man kann das immer einsparen. Dadurch nämlich, dass man überall handelt; dergleichen macht beliebt und heitert überhaupt die Reise auf. Fahr lieber noch ein Endchen weiter, als es dein Geldbeutel gestattet, und bring den Rest dadurch ein, dass du zu Fuß gehst, wo die Wagenfahrt angenehmer ist; dass du zu wenig Trinkgelder gibst; und dass du überhaupt in jedem Fremden einen Aasgeier siehst. Vergiss dabei nie die Hauptregel jeder gesunden Reise:

Ärgere dich! Sprich mit deiner Frau nur von den kleinen Sorgen des Alltags. Koch noch einmal allen Kummer auf, den du zu Hause im Büro gehabt hast; vergiss überhaupt nie, dass du einen Beruf hast.

Wenn du reisest, so sei das Erste, was du nach jeder Ankunft in einem fremden Ort zu tun hast: Ansichtskarten zu schreiben. Die Ansichtskarten brauchst du nicht zu bestellen: Der Kellner sieht schon, dass du welche haben willst. Schreib unleserlich – das lässt auf gute Laune schließen. Schreib überall Ansichtskarten: auf der Bahn, in der Tropfsteingrotte, auf den Bergesgipfeln und im schwanken Kahn. Brich dabei den Füllbleistift ab und gieß Tinte aus dem Federhalter. Dann schimpfe. Das Grundgesetz jeder richtigen Reise ist: Es muss was los sein – und du musst etwas „vorhaben". Sonst ist die Reise keine Reise. Jede Ausspannung von Beruf und Arbeit beruht darin, dass man sich ein genaues Programm macht, es aber nicht innehält – hast du es nicht innegehalten, gib deiner Frau die Schuld.

Verlang überall ländliche Stille; ist sie da, schimpfe, dass nichts los ist. Eine anständige Sommerfrische besteht in einer Anhäufung derselben Menschen, die du bei dir zu Hause siehst, sowie in einer Gebirgsbar, einem Oceandancing und einer Weinabteilung. Besuche dergleichen – halte dich dabei aber an deine gute, bewährte Tracht: kurze Hose, kleiner Hut (siehe oben). Sieh dich sodann im Raume um und sprich: „Na, elegant ist es hier gerade nicht!" Haben die andern einen Smoking an, so sagst du am besten: „Fatzkerei, auf die Reise einen Smoking mitzunehmen!" – Hast du einen an, die andern aber nicht, mach mit deiner Frau Krach. Mach überhaupt mit deiner Frau Krach.

Durcheile die fremden Städte und Dörfer – wenn dir die Zunge nicht heraushängt, hast du falsch disponiert; außerdem ist der Zug, den du noch erreichen musst, wichtiger als eine stille Abendstunde. Stille Abendstunden sind Mumpitz; dazu reist man nicht.

Auf der Reise muss alles etwas besser sein, als du es zu Hause hast. Schieb dem Kellner die nicht gut eingekühlte Flasche Wein mit einer Miene zurück, in der geschrieben steht: „Wenn mir mein Haushofmeister den Wein so aus dem Keller bringt, ist er entlassen!" Tu immer so, als seist du aufgewachsen bei ...

Mit den lächerlichen Einheimischen sprich auf alle Fälle gleich von Politik, Religion und dem Krieg. Halte mit deiner Meinung nicht hinterm Berg, sag alles frei heraus! Immer gib ihm! Sprich laut, damit man dich hört – viele fremde Völker sind ohnehin schwerhörig. Wenn du dich amüsierst, dann lach, aber so laut, dass sich die andern ärgern, die in ihrer Dummheit nicht wissen, worüber du lachst. Sprichst du fremde Sprachen nicht sehr gut, dann schrei: Man versteht dich dann besser. Lass dir nicht imponieren. Seid ihr mehrere Männer, so ist es gut, wenn ihr an hohen Aussichtspunkten etwas im Vierfarbendruck singt. Die Natur hat das gerne.

Handele. Schimpfe. Ärgere dich. Und mach Betrieb.

DIE KUNST, RICHTIG ZU REISEN

Entwirf deinen Reiseplan im Großen – und lass dich im Einzelnen von der bunten Stunde treiben. Die größte Sehenswürdigkeit, die es gibt, ist die Welt – sieh sie dir an. Niemand hat heute ein so vollkommenes Weltbild, dass er alles verstehen und würdigen kann: Hab den Mut, zu sagen, dass du von einer Sache nichts verstehst. Nimm die kleinen Schwierigkeiten der Reise nicht so wichtig; bleibst du einmal auf einer Zwischenstation sitzen, dann freu dich, dass du am Leben bist, sieh dir die Hühner an und die ernsthaften Ziegen, und mach einen kleinen Schwatz mit dem Mann im Zigarrenladen. Entspanne dich. Lass das Steuer los. Trudele durch die Welt. Sie ist so schön: Gib dich ihr hin, und sie wird sich dir geben.

Mark Twain

Eine schlaflose Nacht

Auf unserer Neckarreise in Heilbronn angekommen, stiegen wir in der nämlichen Herberge ab, wo vor drei- bis vierhundert Jahren der alte Haudegen, Götz von Berlichingen, nach seiner Befreiung aus der Gefangenschaft im Turm gewohnt hat. Wir, mein Reisegefährte Harris und ich, wurden sogar in dem Zimmer des tapferen Ritters einquartiert. Reste der damaligen Tapeten klebten noch an den Wänden, die vierhundertjährigen Möbel waren mit wunderlich verschnörkeltem Schnitzwerk bedeckt, und einige Gerüche in dem Zimmer mochten wohl tausendjährig sein. Der Wirt zeigte uns auch den Haken in der Mauer, an dem der grimme alte Götz beim Zubettgehen seine eiserne Hand aufzuhängen pflegte.

Nach einem Abendspaziergang durch die altertümliche Stadt begaben wir uns früh zur Ruhe, da wir bei Tagesanbruch unsere Wanderung fortsetzen wollten. Ich wälzte mich im Bett umher, während Harris sofort eingeschlafen war. Dass es geradezu eine Unverschämtheit ist, wenn jemand gleich einschläft, ist vielleicht zu viel gesagt, aber rücksichtslos ist es gewiss. Ich lag brütend über dieser Unbill wach und bemühte mich vergebens, in Schlaf zu kommen. Ohne jegliche Ansprache fühlte ich mich anfangs im Dunkeln sehr einsam und verlassen; bald begannen jedoch tausenderlei Gedanken mir durch den Kopf zu schwirren, von denen einer den andern in rasender Eile verdrängte. Nach Verlauf einer Stunde war ich von dieser Gedankenjagd ganz schwindelig und fühlte mich todmüde und abgehetzt. Meine Ermüdung war so groß, dass sie momentan über meine nervöse Erregung siegte; denn, während ich mir einbildete, völlig wach zu sein, musste ich dennoch vorübergehend, auf Augenblicke, der Bewusstlosigkeit verfallen sein. Ich bemerkte dies, indem ich wiederholt durch das Gefühl, rücklings in einen Abgrund zu sinken, jählings aufgeschreckt wurde.

Dies wiederholte sich sechs- bis achtmal, worauf die Bewusstlosigkeit das Übergewicht über meinen Geist so weit bekam, dass ich in einen Schlummer verfiel, der tiefer und tiefer wurde und sich gewiss zum solidesten und genussreichsten Schlaf entwickelt hätte, wenn – doch, was war das? Ich rief alle meine Lebensgeister wieder wach und begann zu lauschen: Mir war's, als ob ich aus unermesslicher Ferne einen Ton vernähme, der näher kam, war es das Heulen des Sturms? – jetzt wurde es deutlicher –, war es das Knarren und Raspeln irgendeiner Maschine? Nun klang es noch vernehmlicher – war es der gemessene Tritt eines heranziehenden Heeres? Immer kleiner wurde die Entfernung, und jetzt war es mitten im Zimmer: Es war nur eine Maus, die am Holzwerk nagte.

Und um solcher Kleinigkeit willen hatte ich die ganze Zeit über den Atem angehalten! – So ärgerlich mir das war, es ließ sich nicht mehr ändern – aber nun wollte ich auch gleich einschlafen, um die verlorene Zeit wieder einzubringen. Das war jedoch leichter gedacht als getan. Ohne es zu wissen und zu wollen, begann ich auf das Geräusch zu horchen, das die Maus mit ihren Nagezähnen machte, und bald verursachte mir diese Beschäftigung die grässlichsten Qualen. Wäre nur das Tier wenigstens bei seiner Arbeit geblieben! – Aber es setzte von Zeit zu Zeit aus, und ich wartete und lauschte gespannt, bis es anfing weiterzunagen – ein unerträglicher Zustand! Wer mir die Maus umbrächte, dem setzte ich innerlich zur Belohnung zuerst 5, 6, 7-10 Dollar aus und verstieg mich endlich zu Summen, die weit über meine Mittel gingen! Ich klappte das Ohrläppchen über das Ohr und presste die Hände

dagegen, ich steckte die Finger hinein – alles vergebens! –, durch die Hindernisse hindurch schien ich nur
noch schärfer zu hören. In rasender Wut griff ich
zuletzt zu dem Auskunftsmittel, auf das von Adam her
schon jeder Mensch verfallen ist – ich beschloss, einen
Wurf zu wagen! Ich griff nach meinen Wanderschuhen
und erhob mich im Bette, um zu horchen, von wo das
Geräusch herkäme. Ich konnte es aber nicht heraus-
bringen; die Stelle, woher das Geräusch kam, war so
undefinierbar wie bei einer im Grase zirpenden Grille.
So schleuderte ich denn meinen Schuh mit kräftiger
Hand auf gut Glück hinaus.

Er schlug gerade über Harris' Kopf an die Wand und
fiel auf ihn herunter – ich war erstaunt, dass ich so weit
werfen konnte, denn das Bett stand am entgegengesetzten Ende des großen Zimmers. Harris wachte auf
und das freute mich; da er aber nicht ärgerlich wurde,
tat es mir wieder leid. Er blieb nicht lange wach und
das war gut; aber nun begann die Maus von Neuem,
was mich ganz in Harnisch brachte. Ich wollte Harris
nicht noch einmal wecken, da aber das Nagen fortdau-
erte, konnte ich es nicht mehr aushalten und benutzte
den zweiten Schuh als Wurfgeschoss. Diesmal flog er
gegen den Spiegel – es waren zwei im Zimmer, natür-

lich zerbrach der größere. Harris erwachte abermals, ließ aber keinen Laut der Klage hören, was mir sehr leidtat. Ich beschloss, lieber alle Qualen zu erdulden, als ihn zum dritten Mal im Schlaf zu stören.

Schließlich zog sich die Maus vom Schauplatz zurück und ich war im Begriff einzuschlummern, als ich eine Uhr schlagen hörte. Ich zählte die Schläge und wollte mich eben wieder aufs Ohr legen, da schlug die zweite Uhr, und während ich zählte, begannen die beiden großen Engel an der Rathausuhr auf ihren Posaunen wunderbar melodische reiche und volle Töne zu blasen. Etwas so überirdisch Zartes und Geheimnisvolles hatte ich nie gehört! Als sie dann aber auch die Viertelstunden bliesen, dachte ich, das sei des Guten zu viel.

Kaum schlummerte ich einen Moment, so weckte mich ein neuer Lärm und beim jedesmaligen Erwachen vermisste ich mein Deckbett und musste es erst vom Boden aufheben, wie das bei den schmalen deutschen Betten nicht gut anders möglich ist.

Kein Wunder, dass sich meine Schläfrigkeit endlich ganz verlor und ich zu der Überzeugung kam, dass in dieser Nacht an Schlaf für mich nicht mehr zu denken war. Dabei schüttelte ich mich wie im Fieber und litt den brennendsten Durst. – So ging es wirklich nicht länger; ich beschloss aufzustehen, mich anzuziehen, am Brunnen auf dem großen Platz Kühlung zu suchen und meinen Durst zu löschen. Dann wollte ich bei einer Zigarre im Freien den Morgen erwarten.

Ich konnte mich sehr gut im Dunkeln ankleiden, ohne Harris zu wecken; meine Schuhe hatte ich zwar nach der Maus geschleudert, aber für die Sommernacht genügten auch die Pantoffeln. Leise stand ich auf und kam allmählich in die Kleider; nur eine Socke war verloren gegangen – ich konnte sie nirgends entdecken und doch musste ich sie haben.

Ich kniete nieder, und den einen Pantoffel am Fuß, den andern in der Hand, suchte ich nun rund auf dem Boden umher – vergebens. Ich suchte weiter und weiter, indem ich fortrutschte. Dabei krachten die Dielen, und sooft ich an einen Gegenstand stieß, entstand ein Lärm, zehnfach größer, als er bei Tage gewesen wäre. Ich wartete jedes Mal erst mit angehaltenem Atem, um mich zu überzeugen, dass Harris weiterschlief, ehe ich vorwärtskroch.

Trotz aller Suche fand ich die Socke nicht, sondern stieß nur von einem Möbel ans andere. War das Zimmer wirklich so reich möbliert gewesen, als ich zu Bette ging, oder waren vielleicht seitdem einige Familien eingezogen? Überall standen mir Stühle im Wege, und statt sie im Vorbeikriechen nur zu streifen, stieß ich jedes Mal mit dem Kopf dagegen.

Langsam, aber sicher begann mir die Geduld zu reißen, und ich glaube wirklich, dass ich von Zeit zu Zeit einen leisen Fluch ausstieß, um mir das Herz zu erleichtern. Endlich schwur ich im höchsten Zorn, ohne die Socke auszugehen, stand auf und schritt, wie ich meinte, geradeswegs zur Türe – stattdessen starrte mir plötzlich mein gespenstisches Ebenbild aus dem unzerbrochenen Spiegel entgegen. Ich schrak zusammen und erkannte zugleich, dass ich verirrt sei und die Richtung gänzlich verloren habe. Ich geriet darüber in einen solchen Zorn, dass ich mich auf den Boden setzen und etwas packen musste, um einen fürchterlichen Ausbruch explodierender Leidenschaft hintanzuhalten.

Wenn im Zimmer nur ein Spiegel gewesen wäre, so hätte ich mich daran vielleicht zurechtfinden können; aber es waren zwei da und zwei waren ebenso schlimm wie hundert; abgesehen davon, dass die beiden sich an den entgegengesetzten Enden des Zimmers befanden. Ich konnte an einem schwachen Schimmer die Fenster erkennen, aber da ich dieselben in meiner Verdrehtheit ganz woanders vermutete, so wurde ich nur umso verwirrter. Beim Aufstehen stieß ich einen Regenschirm um; der Fall auf den harten teppichlosen Boden klang wie ein Pistolenschuss. Ich hielt den Atem an und biss auf die Lippen – Harris rührte sich nicht. Ich versuchte mehrere Male den Regenschirm an die Wand zu stellen – aber plumps, lag er jedes Mal wieder unten, sobald ich die Hand losließ.

Ich bin von guter Erziehung, aber wäre es nicht so schwarz, feierlich und unheimlich in dem riesigen Zimmer gewesen, so würde ich – glaube ich – etwas gesagt haben, das man nicht in ein Sonntagsschulbuch hätte setzen dürfen, ohne den Absatz desselben zu schädigen. Wären meine Verstandeskräfte nicht bereits durch die ausgestandenen Qualen erschöpft gewesen, so hätte ich etwas Gescheiteres getan, als zu versuchen, einen Regenschirm bei Nacht auf einen gewichsten deutschen Stubenboden zu stellen. Das eine tröstete mich noch – Harris rührte sich nicht. Der Regenschirm konnte mich auch nicht orientieren, da mehrere ganz gleiche herumstanden. So tastete ich mich denn an der Wand hin, um zur Türe zu gelangen. Dabei stieß ich ein Bild herunter – kein großes, aber es machte einen Höllenlärm! –, Harris rührte sich nicht, wenn ich aber noch mehr Angriffe auf Bilder ausführte, musste er sicherlich wach werden. Ich beschloss, mein Vorhaben aufzugeben und statt nach dem Ausweg zu suchen, zu dem Tisch in der Mitte zurückzukehren, mit dem ich schon mehrmals zusammengestoßen war. Von dort wollte ich dann eine Entdeckungsreise nach meinem Bett antreten; hatte ich das erst gefunden, so war der Wasserkrug nicht weit, ich konnte meinen verzehrenden Durst löschen und mich wieder hinlegen. Ich kroch auf allen vieren, weil das schneller ging und ich dabei weniger umzuwerfen hoffte. Bald fand ich den Tisch – das heißt, ich stieß mit dem Kopf dagegen – rieb mir die Beule etwas, richtete mich in die Höhe, streckte die Hände aus und tastete umher, bis ich an einen Stuhl kam; dann berührte ich die Wand, wieder einen Stuhl, dann ein Sofa, einen Alpenstock und wieder ein Sofa. Das brachte mich in Verwirrung – es war doch nur ein Sofa im Zimmer gewesen! Ich suchte abermals den Tisch auf, begann meine Wallfahrt von Neuem und fand mehrere Stühle.

Nun erst fiel mir ein, woran ich schon längst hätte denken sollen, dass der große Tisch ja so rund war wie der vom König Artus und seiner Tafelrunde, mir also in Bezug auf die Richtung durchaus nicht behilflich sein konnte. So wanderte ich denn aufs Geratewohl durch unbekannte Regionen, bis ich einen Leuchter vom Kaminsims stieß; ich wollte den Leuchter festhalten und brachte eine Lampe zum Fallen; ich wollte die Lampe halten und stieß den Wasserkrug um, der krachend zu Boden stürzte, während ich zu mir sagte: „So, habe ich dich endlich; ich wusste wohl, du könntest nicht weit sein!" Gleich darauf schrie Harris: „Räuber, Diebe – das Wasser geht mir bis an den Hals!" Er war ganz außer sich. Auf den Krach hin wurde das ganze Haus lebendig. Mit Lichtern und im Nachtgewand stürzten die Gäste von allen Seiten ins Zimmer, auch der Wirt und die Dienstmagd drängten sich mit herein. Ich stand vor Harris' Bett, eine Meile von dem meinigen entfernt. Das Zimmer hatte nur ein einziges Sofa, das an der Wand stand, und einen einzigen Stuhl, der frei umherstand, und – um diesen hatte ich mich die halbe Nacht herumgedreht, wie ein Planet um die Sonne, und war auf meiner Kometenbahn nur allzu oft mit ihm zusammengestoßen.

Meine Taten in der schlaflosen Nacht waren bald erzählt; Wirt und Gäste zogen sich hierauf wieder in ihre Gemächer zurück, während wir unsere Vorbereitungen zum Frühstück trafen, da der Morgen schon zu dämmern anfing. Wie ich einen verstohlenen Blick auf meine Schrittuhr warf, fand ich, dass ich fünfzehn

Kilometer zurückgelegt hatte, was mich indessen nicht verdross, da ich ja zum Zweck einer Fußwanderung die Reise unternommen hatte. Als der Wirt am andern Tage erfuhr, dass wir auf einer Fußtour durch Europa begriffen seien, behandelte er uns sehr rücksichtsvoll. Er ließ sich die Sachen, die ich während der Nacht zerschlagen hatte, nur zum Selbstkostenpreis bezahlen, stärkte uns reichlich mit Speise und Trank, und um uns zum Abschied die größte Ehre zu erweisen, ließ er uns mit Götz von Berlichingens Pferd und Wagen zum Tor von Heilbronn hinausfahren.

Iwan A. Gontscharow

Oblomov

Oblomow, von Geburt Adliger, dem Range nach Kollegiensekretär, lebte seit zwölf Jahren ununterbrochen in
Petersburg (...)

Das Leben zerfiel nach seiner Auffassung in zwei Hälf-
ten: Die eine bestand aus Arbeit und Langerweile (das
waren bei ihm gleichbedeutende Begriffe), die andere
aus Ruhe und friedlicher Heiterkeit. Infolgedessen ent-
täuschte ihn seine hauptsächlichste Laufbahn, der
Staatsdienst, in der ersten Zeit in der unangenehmsten
Weise. Da er fern von jeder größeren Stadt mitten in
den sanften, freundlichen Sitten und Gebräuchen seiner Heimat aufgewachsen war und zwanzig Jahre lang
mit seinen Angehörigen, Freunden und Bekannten auf
das Innigste verkehrt hatte, so war er dermaßen von
Familiensinn durchdrungen, dass er sich auch den
bevorstehenden Staatsdienst gleichsam wie eine
Beschäftigung in der Familie vorstellte, zum Beispiel in
der Art einer lässigen Eintragung der Einnahmen und
Ausgaben in ein Heft, wie das sein Vater gemacht
hatte. Er hatte die Vorstellung, dass die Beamten einer
jeden Dienststelle unter sich eine eng befreundete

Familie bildeten, die unermüdlich wechselseitig für die Ruhe und das Vergnügen der Einzelnen sorge; dass der Besuch des Büros keineswegs eine obligatorische Gewohnheit sei, an die man sich täglich zu halten habe, sondern dass Schlackerwetter, Hitze oder auch bloß Verstimmung stets als ausreichende gesetzmäßige Gründe für ein Fernbleiben vom Amte dienen könnten. Aber wie betrübte es ihn, als er sah, dass mindestens ein Erdbeben nötig war, damit ein gesunder Beamter nicht zum Dienste zu gehen brauchte; nun kommen aber Erdbeben in Petersburg leider nicht vor. Eine Überschwemmung hätte allerdings ebenfalls als Hinderungsgrund dienen können; aber auch Überschwemmungen treten nur selten ein.

Noch nachdenklicher wurde Oblomow, als Kuverts mit der Aufschrift „eilig" und „sehr eilig" an seinen Augen vorüberhuschten und als ihm aufgetragen wurde, allerlei Nachforschungen anzustellen, Auszüge zu machen, in den Akten umherzuwühlen und zweifingerdicke Hefte abzuschreiben, die wie zum Hohn „Notizen" genannt wurden. Zudem wurde immer schnelles Arbeiten verlangt; alle hatten es eilig und machten nie eine Pause; kaum hatten sie eine Sache erledigt, so griffen sie mit einer wahren Wut nach einer andern, als ob gerade die die Hauptsache wäre; wenn sie aber mit ihr fertig waren, so vergaßen sie sie und stürzten sich auf eine dritte – und dieses Hasten nahm nie ein Ende!

Ein paarmal veranlasste man ihn, in der Nacht aufzustehen und „Notizen" zu schreiben; einige Male wurde er, wenn er irgendwo zu Besuch war, durch einen Amtsboten abgerufen, immer wegen eben dieser Notizen. All dies versetzte ihn in Angst und arge Missstimmung. „Wann soll man denn leben? Ja, wann soll man leben?", fragte er sich immer wieder.

Über den Chef hatte er in seiner Heimat gehört, dieser sei der Vater seiner Untergebenen; und daher hatte er sich von dieser Persönlichkeit eine höchst freundliche, familienhafte Vorstellung gemacht. Er hatte ihn sich

als eine Art von zweitem Vater vorgestellt, der nur daran denke, wie er seine Untergebenen für ihre Verdienste und ohne ihr Verdienst unaufhörlich belohnen könne, und der nicht nur für ihre Bedürfnisse, sondern auch für ihr Vergnügen sorge. Ilja Iljitsch hatte gedacht, der Chef versetze sich so sehr in die Lage seines Untergebenen hinein, dass er ihn besorgt frage, wie er in der Nacht geschlafen habe, warum seine Augen so trübe aussahen und ob ihm auch nicht der Kopf wehtue. Aber er sah sich gleich am ersten Tage seiner dienstlichen Tätigkeit grausam enttäuscht. Bei der Ankunft des Chefs begann ein Hin- und Herrennen, ein hastiges Treiben; alle gerieten in Verwirrung; einer stieß den andern beinah um; manche strichen und zupften ihren Anzug zurecht aus Besorgnis, dass sie nicht gut genug aussähen, um sich dem Chef zu zeigen.

Dies kam, wie Oblomow später wahrnahm, daher, dass es Chefs gibt, die in dem bis zur Verdummung erschrockenen Gesichte eines ihnen entgegenspringenden Untergebenen nicht nur Respekt gegen ihre Person, sondern sogar Eifer für den Dienst und manchmal sogar Befähigung zu diesem erblicken.

Ilja Iljitsch brauchte vor seinem Chef nicht zu erschrecken. Dieser war ein gutherziger, im Umgange angenehmer Mensch; er tat nie jemandem etwas Böses;

seine Untergebenen waren im denkbar höchsten Maße zufrieden und wünschten sich keinen besseren. Niemand hatte jemals von ihm ein unfreundliches Wort, ein Anschreien oder Lärmen gehört; er forderte nie etwas, sondern bat immer nur. Er bat, man möchte eine Arbeit erledigen; er bat, man möchte ihn besuchen; er bat sogar, man möchte in Arrest gehen. Er duzte nie jemand; alle nannte er „Sie", sowohl den einzelnen Beamten als auch alle zusammen.

Aber trotzdem waren alle Beamten bei Anwesenheit des Chefs ängstlich; sie antworteten auf seine freundlichen Fragen nicht mit ihrer gewöhnlichen Stimme, sondern mit einer andern, mit der sie zu keinem der übrigen Menschen sprachen. Auch Ilja Iljitsch wurde plötzlich ängstlich (er wusste selbst nicht warum), wenn der Chef ins Zimmer trat; er verlor seine gewöhnliche Stimme, und es kam dafür aus seiner Kehle eine andere, dünne, hässlich klingende, sobald der Chef mit ihm zu reden begann.

Selbst unter einem so guten, leutseligen Chef hatte Ilja Iljitsch sehr von Angst und Sorge zu leiden. Gott weiß, was aus ihm geworden sein würde, wenn er an einen strengen und anspruchsvollen geraten wäre!

Mit Mühe und Not brachte Oblomow zwei Dienstjahre hinter sich; vielleicht hätte er sich auch noch durch ein drittes hindurchgeschleppt, nach dessen Ablauf er einen höheren Rang erhalten haben würde; aber ein besonderer Fall veranlasste ihn, den Dienst früher zu quittieren.

Er sandte eines Tages ein eiliges Schriftstück statt nach Astrachan nach Archangelsk ab. Die Sache kam ans Licht; man suchte den Schuldigen. Alle andern warteten gespannt darauf, dass der Chef Oblomow werde rufen lassen und ihn kühl und ruhig fragen werde, ob er das Schriftstück nach Archangelsk gesandt habe, und alle waren neugierig, wie Ilja Iljitschs Stimme bei der Antwort auf diese Frage klingen werde. Einige vermuteten, er werde überhaupt nicht antworten; er werde dazu nicht imstande sein. Beim Anblick der Gesichter der andern bekam Ilja Iljitsch es selbst mit der Angst, obgleich er und alle Übrigen wussten, dass der Chef sich auf einen Verweis beschränken werde; aber sein eigenes Gewissen war weit strenger als der Vorgesetzte. Oblomow wartete die verdiente Strafe nicht ab, sondern ging nach Hause und sandte ein ärztliches Attest ein. In diesem Atteste hieß es: „Ich Unterzeichneter bescheinige unter Beidrückung meines Siegels, dass der Kollegiensekretär Ilja Oblomow an Vermehrung der Muskelsubstanz des Herzens mit Erweiterung der linken Herzkammer (Hypertrophia cordis cum dilatatione eius ventriculi sinistri) sowie auch einer chronischen Leberkrankheit (Hepatitis) leidet, die sich in einer der Gesundheit und dem Leben des Kranken gefährlichen Weise zu entwickeln droht, welche Erscheinungen, wie man annehmen muss, von der täglichen Tätigkeit auf dem Büro herrühren. Um daher einer Wiederholung und Verschlimmerung der krankhaften Anfälle vorzubeugen, halte ich es für notwendig, Herrn Oblomow die dienstliche Tätigkeit einstweilen zu untersagen, und verordne ihm überhaupt Enthaltung von geistiger Beschäftigung und jeder Arbeit." Aber das half nur einstweilen: Er musste ja doch einmal wieder gesund werden, und dann stand ihm wieder die tägliche Tätigkeit auf dem Büro bevor. Das hielt Oblomow nicht aus und reichte seinen Abschied ein.

Hans Fallada

Ruhe, jetzt wird gearbeitet!

Ein paar Tage gehe ich noch still umher. In meinem Kopf wiederholt sich mit hartnäckiger Regelmäßigkeit ein ganz bestimmter Satz, der erste Satz meines neuen Romans. Wenn ich mit dem Hund spazieren gehe oder wenn das Licht gelöscht ist, im Einschlafen oder mitten in unserer fröhlichen Tischrunde, überfällt es mich und ich fange an, die erste Szene aufzubauen. In der großen Linie weiß ich längst, wie der neue Roman laufen wird, aber nun arbeitet mein Kopf an dem ersten Kapitel, was der sagen wird, wie jene Person einzuführen ist. Mein Kopf ist hartnäckig, unerbittlich kaut er den Stoff des ersten Kapitels immer wieder durch. Ärgerlich sage ich zu ihm: „Ja, ja, das weiß ich nun schon, mein Lieber! Denk doch mal über das zweite Kapitel nach!"

Aber das will er nicht. Er will sich jetzt nur mit dem ersten Kapitel beschäftigen; bis das niedergeschrieben ist, weigert er sich, über das zweite nachzudenken. Also muss ich mich zur Niederschrift des ersten entschließen.

Ich nehme all meinen Mut zusammen, ich benutze

einen Augenblick, da ich mit Suse allein bin, und sage zu ihr: „Du, Suse, ich glaube, ich fange wieder mit Arbeiten an ...“

„O Gott, Junge!“, ruft sie und schaut mich erschrocken an. „Schon wieder? Und du hast mir fest versprochen, diesmal mindestens ein Vierteljahr Pause zu machen! Du warst das letzte Mal völlig erledigt, als du fertig warst!“

„Ja, ich weiß“, gebe ich schuldbewusst zu. „Diesmal wollte ich auch bestimmt gründlich ausruhen. Aber die Sache ist die, dass mein Kopf plötzlich wieder zu arbeiten angefangen hat, ich wollte es wirklich nicht. Und nun predigt er mir ewig den gleichen Text vor, und wenn ich ihn jetzt nicht niederschreibe, so wird er abgestanden und verbraucht und ich habe ihn für ewig verloren.“

„So lass ihn verloren gehen!“, ruft Suse. „Dir fällt immer wieder etwas Neues ein. Du musst dich wirklich einmal gründlich ausruhen. Du machst eigentlich überhaupt keine Pause mehr zwischen deinen Arbeiten!“

„Suse“, sage ich vorwurfsvoll, „sage doch bloß so was nicht! Ich habe jetzt volle drei Wochen pausiert. In diesen drei Wochen habe ich alles aufgearbeitet, was liegen geblieben war. Ich habe sämtliche Rohbilanzen gemacht, die Kasse stimmt auf den Pfennig. Ich habe die Bücher neu geordnet und das Bücherverzeichnis ist auf dem Laufenden, auch das Schallplattenverzeichnis. Alle Fotos sind eingeklebt, alle Schränke geordnet. Ich habe den Schalter in deinem Zimmer repariert und aus der Senkgrube den silbernen Löffel gefischt, den Achim reingeworfen hatte. Meine Bienen sind versorgt, ich habe sogar schon den Bestellplan für das nächste Jahr gemacht und den Kunstdüngerbedarf ausgerechnet. Meine Briefmappe ist völlig leer, ich weiß keinen Menschen mehr, an den ich schreiben könnte. Suse", sage ich bittend, „ich komme mir ohne Arbeit wie der überflüssigste Mensch von der Welt vor, ich muss wieder arbeiten!"

„Aber ruhe dich doch einmal richtig aus! Lege dich doch im Liegestuhl in die Sonne und lies ein Buch. Bade. Geh mit den Kindern spazieren. Nimm richtig einmal Urlaub, wie es jeder vernünftige Mensch tut."

„Aber da ist dieser Stoff, den ich im Kopf habe", widerspreche ich hartnäckig. „Es ist ein hübscher kleiner Stoff, ich möchte ihn nicht gerne verlieren."

„Du wirst ihn schon nicht verlieren!", ruft Suse wieder. „Wenn du es hier nicht aushalten kannst, so geh ein bisschen auf Reisen. Deine Mutter schreibt schon so lange, warum du gar nicht kommst. Zwei Jahre bist du jetzt nicht bei ihr gewesen!"

„Ach, Reisen!", sage ich. „Du weißt, ich vertrage das Reisen nicht, ich kann nicht unter so vielen Menschen sein. Und dann das ewige Reden … Nein, am wohlsten fühle ich mich hier in meiner Höhle. Ich möchte mit Arbeiten anfangen."

„Ja", sagt Suse bitter. „Das möchtest du. Und ich weiß ja auch, alles Reden nützt nichts, wenn du dir das erst einmal in den Kopf gesetzt hast. Aber wenn du fertig bist, klappst du wieder zusammen und ich kann dich als halbe Leiche in ein Sanatorium schaffen –!"

„Diesmal klappe ich bestimmt nicht zusammen!", sage ich siegesgewiss. „Diesmal wird es ja nur ein Romänchen, dreihundertfünfzig, höchstens vierhundert Druckseiten. Ich habe gedacht, Suse", fahre ich überredend fort, „ich setze mein Tagespensum auf sechs Druckseiten fest. Dann kann ich vormittags noch mit dem Hund spazieren gehen und habe den Nachmittag für allen Kleinkram frei. Das ist doch wirklich ein bequemer Arbeitsplan!"

„Das von den sechs Druckseiten täglich", sagt Suse, „das habe ich nun schon bei jedem Roman von dir gehört, und nie hast du es eingehalten. Zum Schluss schreibst du dann doch wieder zwanzig oder gar fünfundzwanzig und schläfst überhaupt nicht mehr!"

„Aber, Suse", lächle ich überlegen. „Das kann bei diesem Romänlein nun wirklich nicht passieren. Wenn ich zwanzig Druckseiten am Tage schreiben wollte, so wäre ich in vierzehn Tagen mit dem ganzen Buch durch. So was tue selbst ich nicht!"

„Ach, red du!", meint Suse ärgerlich. „Aber wem nicht zu raten ist, dem ist auch nicht zu helfen! Wann willst du denn anfangen?"

„Ich habe gedacht, morgen …"

„Und in welchem Zimmer willst du diesmal arbeiten?"

„Ich nehme das Balkonzimmer. Es ist doch am ruhigsten. Man hört dort nichts vom Hof und von der Küche."

„Aber wenn jemand im Garten ist, wirst du gestört."

„Das wird ja diesmal alles gar nicht so schlimm. Sechs Seiten Tagespensum, das ist doch nur ein Klacks für mich. Ich bin augenblicklich auch gar nicht sehr geräuschempfindlich und schlafe für meine Verhältnisse ganz gut."

„Also schön", ergibt sich Suse. „Dann werde ich allen im Haus Bescheid sagen, dass du von morgen an arbeitest. Die werden sich aber freuen!"

Erleichterten Herzens begebe ich mich in mein künftiges Arbeitsgemach hinauf und fange an, mich einzurichten. Die Aussprache mit Suse liegt hinter mir, sie ist einverstanden, dass ich wieder arbeite. Gottlob, dass dies Schwerste erledigt ist!

Ich glaube alles, was ich ihr gesagt habe, von den sechs Seiten täglich, von dem Romänchen, von der geringen Geräuschempfindlichkeit, von dem guten Schlaf. Das alles ist im besten Glauben gesagt, ich habe nicht geschwindelt. Ich fühle mich wirklich frisch und arbeitslustig. [...] Die Stunden, da ich alles für die neue Romanarbeit vorbereite, gehören zu den glücklichsten meines Lebens.

Philipp Spielbusch

Der Bundestrojaner

„Was haben Sie gemacht?"

„Nix!"

Diese Antwort kommt immer als Erstes. Häufig so schnell, da habe ich das Wort „gemacht" noch gar nicht ausgesprochen. Die Kunden klingen dann wieder wie Schüler, die vom Lehrer beim Rauchen erwischt wurden und so tun, als wäre nichts gewesen, während ihnen die Wölkchen aus Nase und Ohren puffen.

Sogar Herr Grütering benimmt sich so, mein Stammkunde am anderen Ende der Leitung. Dass er die Schulbank gedrückt hat, ist sicher locker vierzig Jahre her. Heute gilt der tüchtige Hüne als einer der erfolgreichsten Familienunternehmer des Münsterlandes. Sein kleines Imperium für Brennholz und Heizöl führt er mit eisernem Regiment. Vor dem Rechner allerdings, da ist er wieder der sich verteidigende Neuntklässler.

„Ehrlich", sagt er, „ich hab nix gemacht!"

Mein Kollege Wulf trottet von der Werkstatt zum Empfang und zieht sich einen Kaffee an unserem Vollautomaten, dem ganzen Stolz des Büros. Wulfs Sorte ist bereits voreingestellt, aber er dreht trotzdem ein wenig am Regler. Im Graphik-Display der Maschine erscheinen die verschiedenen Getränke und Tassengrößen. Wulf schmunzelt. Er muss gar nicht hören, was der alte Grütering gerade sagt. Er weiß es auch so.

„Herr Grütering", sage ich, „wissen Sie noch, was Sie mir mal über Ihr Geschäft erklärt haben?"

Grütering stutzt.

„Über den Erfolg", helfe ich ihm auf die Sprünge.

„Ach so", erinnert sich der alte Grütering, und es knirscht, als er sich daheim in seinem alten Bürostuhl aufrichtet. „Ja, sicher, mein Junge. Erfolg ist das Ergebnis von Handlungen, nicht von frommen Wünschen. Deswegen heißt es auch Händler und nicht Wünscher."

„Genau", stachele ich ihn an, „es ist wie in der Physik, haben Sie gesagt, wissen Sie noch?"

„Ursache und Wirkung!", ruft er.

„Sehen Sie", atme ich erleichtert aus, tatsächlich wie ein Lehrer, der seinem Schüler die binomische Formel aus der Nase zieht. „Und genauso ist das auch bei Computern. Die gehen nicht von alleine kaputt. Ursache und Wirkung."

„Hm", brummt der alte Grütering, kurz und heftig. Es klingt, als sei ein Motorboot ohne Poller vor den Steg gefahren.

„Also, überlegen Sie noch mal. Was haben Sie gemacht?"

Grütering überlegt.

Er hat mich verstanden.

GOLDENE REGEL IM UMGANG MIT KUNDEN:
Hole den Kunden immer dort ab, wo er steht.
Sprich in den Bildern und Gleichnissen seiner Lebenswelt.

In seinem braun vertäfelten Büro ruckt Herr Grütering seinen mächtigen Leib zurecht. Ich kenne den Kellerraum, weil ich dem Mann dort damals seinen Arbeitsplatz eingerichtet habe. Der riesige Landmarkt mit dem Holzverkauf und der Tankstelle, an der man mit dem Lkw oder dem Trecker sowohl Heizöl als auch Diesel tanken kann, liegt nur eine Wiese weit von seinem rustikalen Wohnhaus entfernt. Sein Büro hat er bis heute nicht in den Betrieb verlegt.

„Und?", hake ich behutsam nach. „Wissen Sie jetzt, was Sie gemacht haben?"

Der alte Grütering schnauft.

Räuspert sich ...

... und sagt?

„Nix!"

Bitte Abspeichern

Jede Wirkung hat eine Ursache. Definitiv. Glauben Sie es mir. Lassen Sie den Gedanken zu. Sie müssen nicht aus Prinzip dagegen sein. Sie sind nicht mehr in der Schule. Ihr IT-Berater ist Ihr Dienstleister, nicht Ihr Lehrer. Sie sind Kunde und König, nicht Schüler und Prüfling. Lehnen Sie sich daher bei Computerproblemen zurück, atmen Sie tief durch und erinnern Sie sich daran, was Sie gemacht haben, bevor der Fehler auftrat. Es wird auch keine Strafarbeiten geben.

Da Gottfried Grütering mir bis heute nicht erlaubt hat, meine Software für die Fernwartung auf seinem Rechner zu installieren, verabreden wir uns für 14 Uhr in seinem Büro. Den Rest des Tages kann ich somit knicken. Denn selbst, wenn das Problem an sich nur eine Viertelstunde beanspruchen sollte, verlässt niemand die heiligen Hallen des Gottfried Grütering unter zwei Stunden Plauderei über den neuesten Klatsch und Tratsch im Dorf. Männlicher Klatsch und Tratsch selbstverständlich. Es geht um die Jagd, den Schützenverein und die erschütternde Tatsache, dass der lokale Fußballverein tatsächlich „den Hockenkamp" aus Bockum-Hövel geholt hat für unglaubliche 7500 Euro Ablöse, wo man doch eigentlich einen neuen Torwart bräuchte.

Ich nicke dann immer brav und trinke literweise Kaffee. Zwar verfolge ich grob, was die Nationalmannschaft so treibt und ob irgendein Verein den Bayern in der Bundesliga noch mal das Wasser abgraben kann, aber von Amateurfußball habe ich nun wirklich überhaupt gar keine Ahnung.

Um 14 Uhr beim Grütering, das heißt um 13 Uhr 30 losfahren. Jetzt haben wir zehn vor zwölf. Das wird knapp. Es ist noch viel zu tun. Sogar ohne Mittagspause, die Wulf und ich eh nie machen. Selbst zum beiläufigen Brötchenessen kommen wir selten. Meistens ernähren wir uns von Gummibärchen, dem ausgewogenen Haribo Color-Rado-Mix sowie den Nahrungsmolekülen aus den Essensresten, die wir in den Rechnern unserer Kunden vorfinden und aus Versehen einatmen. Wie heißt es so schön? Wo lagert der Deutsche sein Essen ein? 5 Prozent Speisekammer. 10 Prozent Auto. 25 Prozent Kühlschrank. 60 Prozent Computertastatur. Daher auch unsere Vorliebe für Haribo — Gelatine krümelt nicht.

Wulf fragt: „Was abnehmen?"

Eigentlich heißt dieser Satz: „Kann ich dir aufgrund der Tatsache, dass du nachher den halben Tag beim störrischen Grütering verbringen musst, hier noch etwas abnehmen?" Aber das wäre des Aufwands wahnwitzig zu viel. Wulf spricht nicht mehr als zwanzig Worte am Tag. Das ist nicht so dahergesagt. Das zähle ich, seit er in meiner IT-Firma als Partner und leidenschaftlicher Fachmann arbeitet.

Weil Wulf so wortkarg wie ein Wombat ist, arbeitet er die meiste Zeit in der Werkstatt an Rechnern, Laptops, Servern und Smartphones, während ich hinter der Empfangstheke mit dem Headset telefoniere. Ich bin die Stimme von PSC Drensteinfurt, der Kontaktmensch, die Plaudertasche. Dafür kann Wulf ohne zitternde Hand in ein hauchzartes Ultrabook Schräubchen eindrehen, die ich nicht mal mit bloßem Auge sehen kann.

Mit Computern beschäftigt er sich, seit er vier Jahre alt war. Als Junge besaß er den ersten Bausatz von Apple. Im Kaufhof seiner Heimatstadt ging er als Teenager freiwillig putzen, nur um die erworbenen Geldstücke noch vor Ort in den Videospielautomaten Space Invaders zu werfen, den der Besitzer damals in einer Ecke neben den Aufzügen aufgestellt hatte. Denkt Wulf an das Jahr 1986 zurück, fällt ihm nicht das Herzschlagfinale Deutschland gegen Argentinien bei der Fußball-Weltmeisterschaft in Mexiko ein, sondern die Ankunft des im Winter 1985 erschienenen Windows 1.0 in seinem Leben. Die fünf original 5,25-Zoll-Disketten, auf denen das Betriebssystem ausgeliefert wurde, besitzt er heute noch.

Ich sortiere mich. Auf meinem Schreibtisch liegen noch fünf dringende Aufträge. Zwei stehen auf einem karierten Block, zwei kleben in Form gelber Post-its am Bildschirm und einen habe ich auf die Rückseite eines Briefumschlags geschrieben. Trotz meines Berufs notiere ich Aufgaben am liebsten auf echtem Papier. Das Gefühl, sie als „erledigt" zu zerreißen, ist einfach unersetzbar. Heute muss ich also noch ganze fünf Aufträge in 100 Minuten schaffen. Da darf absolut gar nichts mehr dazwischen kommen.

Ich nehme mir den ersten To-do-Zettel zur Hand, als die Tür aufspringt.

„So, da ist er wieder!", ruft der junge Mann, der mit seinem Laptop in der Hand hereinstürmt. Er wedelt mit dem schmalen Gerät, als sei es eine Sonderausgabe der Tageszeitung mit besonders skandalösen Nachrichten. Der junge Mann heißt Jonas und ist Stammgast in unserem Büro. Stammgast, wohlgemerkt, nicht Stammkunde. Er hat keine Aufträge für uns, er hat Theorien. Die meiste Zeit verbringt er am Glastisch im Empfangsbereich.

Das ist natürlich kein Zustand. Doch jedes Mal, wenn

Wulf und ich uns vornehmen, Jonas endgültig zu vertreiben, bringt er neue Haribo-Großpackungen mit. Oder Pizza. Ungefragt, aber genau zum richtigen Zeitpunkt. Man kann sagen: Ohne Jonas bekämen wir niemals etwas Warmes zwischen die Zähne. Jetzt ist Jonas jedenfalls da, und das bedeutet: Sämtliche zu erledigenden Aufgaben, die ich bis 13 Uhr 30 geschafft haben könnte, lösen sich mit einem „Puff!" in Luft auf.

Jonas stellt den Laptop auf den Glastisch und winkt mich heran. „Hallo, Wulf!", ruft er in den Nebenraum. Mein Kollege nickt stumm und zieht an seiner elektrischen Zigarette. Vor neun Monaten haben wir beide mit dem Rauchen aufgehört. Also, mit dem Tabakrauchen. Seitdem liegen im Büro die Duftschwaden der E-Liquids in der Luft, und zwar in den Geschmacksrichtungen Pfirsich-Eistee und Vanille.

„Pass auf, Philipp", sagt Jonas, „jetzt zeige ich ihn dir! Du wirst schon sehen, da bin ich gespannt, was du dazu sagst ..."

Seit einem Jahr erklären wir Jonas, dass nicht sein kann, was er immer noch glaubt. Aber es hilft nichts. Jonas bleibt überzeugt davon, den Staatstrojaner auf seinem Rechner zu haben, die Spähsoftware der Behörden.

Jonas spricht immer noch vom „Bundestrojaner", aber das ist falsch. Was vor einiger Zeit als „Bundestrojaner" über die Computer erschrockener Nutzer geisterte, sie wegen „ungesetzlicher Tätigkeiten" sperrte und nur gegen eine Zahlung von 100 Euro wieder freigab, war natürlich keine Erpressungssoftware des Bundes, sondern eine raffinierte Malware privater Betrüger.

Das offizielle Programm der Bundesregierung zur Ausspähung von Rechnern heißt „Staatstrojaner" oder auch „Remote Forensic Software". Da es heimlich spionieren soll, öffnet es selbstverständlich keine blinkenden Fenster, die für seine eigene Entfernung Geld verlangen. Installiert werden darf es nur auf höchstrichterliche Anordnung und bei klaren Hinweisen auf drohende Terroranschläge oder Geiselnahmen.

Von Jonas geht allerdings keine Terrorgefahr aus. Und Geiseln zu nehmen, wäre ihm viel zu stressig. Jonas arbeitet als Schwimmaufsicht für Kleinkinder und hat keine Hobbys außer dem gepflegten Abhängen in unserem Büro und einer Menge haltloser Verschwörungstheorien. Das Schlimme an diesen Weltbildern ist, dass sie sich wie Kletten an einige echte Tatsachen hängen können. Das macht es so schwer, gegen sie zu argumentieren. Kein Virus dieser Welt kann sich so hartnäckig in einem Rechner verbeißen wie eine Verschwörungstheorie im Kopf eines Menschen.

Im Falle des Staatstrojaners besteht das Quäntchen Wahrheit, das Jonas gerne betont darin, dass die amerikanische NSA beim Quellcode die Finger mit im Spiel hatte. Zumindest indirekt. Die US-Regierung hat die Entwicklung der Quellen-TKÜ-Software an die Firma CSC delegiert, deren Mutterfirma wiederum ein IT-Dienstleister der NSA ist. Sozusagen eine Art Philipp Spielbusch Computer der USA. CSC hat das Projekt geleitet, die Softwarearchitektur erstellt und den Quellcode geprüft, aber nicht geschrieben. Doch wenn Jonas einmal in Rage ist, gehen die Feinheiten oft unter.

Ich gehe zum Glastisch. Jonas' Rechner ist hochgefahren. Er drückt gleichzeitig Steuerung, Alt und Entfernen und öffnet so den Taskmanager, der anzeigt, welche Programme und Prozesse gerade im Computer ablaufen.

Ich sage: „Jonas. Wir haben den Rechner siebzehn Mal überprüft. Wir haben sämtliche Tools durchlaufen lassen, alle Analysen, die es gibt. Du hast keinen Staatstrojaner."

„Und was ist dann bitte das?"

Jonas zeigt auf die Liste der laufenden Prozesse. Sein

Finger ist recht schmal dafür, dass er sich nur von Junkfood ernährt. Von der Pizzeria Luigi bringt er für uns drei grundsätzlich sieben bis acht Gerichte mit. Die siebzehn Suchdurchläufe auf seinem Rechner hat er uns nicht mit Geld, sondern mit Peperoni-Pizza, Tagliatelle in Schinkensahnesoße und Gnocchi mit Spinat und Gorgonzola bezahlt.

Seine Fingerspitze tippt auf einen Prozess namens Elb-Server.exe.

„Da!", sagt er.

Ich zeige auf den Dateipfad des Programms, von dem Jonas glaubt, es würde seinen Rechner ausspionieren. Er lautet: C:\ ProgramFiles\Sony\MediaGallery.

„Jonas. Was steht denn da? Da steht Sony. Das Programm gehört zur Systemsoftware deines Laptops. Nicht zur Regierung."

„Das habe ich wohl auch schon herausbekommen", antwortet er. „Aber die Frage ist doch: Was tut das Programm? Philipp?"

Ich habe den leisen Verdacht, dass er auch dies bereits selber nachgeschlagen hat. Er will, dass ich ihn beruhige. Ihm plausible Argumente dafür liefere, dass sich hinter der Datei keine geheime Verschwörung von BKA, NSA und dem Weltkonzern Sony versteckt.

„Ja nun, was macht es?", sage ich, wenig hilfreich. Ich

kenne das Programm. Und ich weiß: Alles, was man zu ElbServer.exe sagen kann, wird Jonas' Paranoia nicht lindern.

„Es macht Probleme!", ruft Wulf aus dem Nebenraum, und ich merke mir, dass er inklusive seiner Frage von vorhin, ob er mir Aufgaben abnehmen kann, somit fünf seiner zwanzig Wörter für diesen Tag verbraucht hat.

„Danke für die Hilfe!", rufe ich in Wulfs Richtung zurück.

„Gerne!"

6 von 20. Langsam wird die Luft dünn für ihn.

Jonas runzelt die Stirn. Er liest viel, das muss man schon zugeben. Vor allem über Weltpolitik und Geschichte. In seine Stirnfurchen sind sämtliche amerikanischen Verbrechen eingraviert. Der Krieg in Vietnam. Die Förderung des Diktators Pinochet in Chile. Die Atombombentests im Bikini-Atoll. Die Folterungen in Abu-Ghuraib. Gerne betont er, dass Donald Rumsfeld und George W. Bush in Europa mittlerweile rechtskräftig verurteilt seien und daher nicht mehr einreisen können, ohne vor Gericht zu landen. Stets nehme ich mir vor, es nach Feierabend nachzuschlagen. Aber ich habe Frau, Kinder und einen Beruf. Entweder man pflanzt sich fort oder man pflegt seine Paranoia.

„ElbServer macht im Grunde gar nix", sage ich, um das Ganze abzukürzen.

„Aha!", sagt Jonas, als habe er mich erwischt. „Das habe ich nämlich nachgeguckt, mein lieber Philipp, genau das! In der Tat. ElbServer macht absolut gar nichts! Es wird vom Betriebssystem nicht benötigt, ist unsichtbar und hat kein Impressum. Trotzdem startet es bei jedem Hochfahren des Computers!"

„Stimmt", pflichte ich ihm bei.

„Und es ist für nichts gut, richtig?", sagt Jonas.

„Richtig."

„Es läuft und läuft und läuft ungefragt, hat aber keine Funktion?"

„Ja."

„So", sagt Jonas, „und jetzt verrate ich euch Freunden des Tauchsports und der Schmetterlingskunde mal, was ich herausgefunden habe."

Wulf steht auf und schlendert aus der Werkstatt rüber zu uns an den Glastisch. Seine E-Zigarette gibt ihr typisches Geräusch von sich. Ein kaum hörbares gluckerndes Knistern, wie das Flüstern einer Maus. Es ist unsagbar leise und klingelt dennoch kristallklar in meinen Ohren.

Jonas sagt: „Das Programm mag kein Impressum haben, aber es besitzt eine digitale Signatur. Und die stammt von welcher Firma? Na?"

Ich zucke mit den Schultern.

Wulf blubbert Pfirsich-Liquid.

„Von Verisign!"

Wir sehen Jonas an. Ich weiß nicht, worauf er hinauswill. Wulf schon. Er nickt und sagt: „USA."

7 von 20 Worten.

„Genau", sagt Jonas. „Verisign ist eine Tochtergesellschaft der RSA Security. Sitz in Reston, Virginia. Die haben Aktien im NASDAQ und gehören zu den 500 reichsten Unternehmen der Welt. Und ausgerechnet von denen prozessiert hier gemütlich ein Programm im Hintergrund, das angeblich zu meiner Sony-Systemsoftware gehört und nichts macht?"

Wulf zieht an seiner E-Zigarette. Die Maus flüstert. Jonas fuchtelt mit den Händen herum.

Ich sage: „Will jemand Haribo?"

„Ich sage es euch, Leute. Dieses Nichts, das ElbServer.exe macht, ist der Bundestrojaner! Passt auf, was ich noch herausgefunden habe: Der CEO von Verisign, Jim Bidzos, ja? Der Mann ist ein geborener Grieche, der perfekt Deutsch spricht und auch ausreichend Japanisch. Na? Was sagt ihr dazu? USA, Deutschland, Japan, Griechenland. NSA, BKA, Sony Corporation und das Land, dem wir Geld überweisen, obwohl seine Regierung ebenso wie ElbServer.exe als

Gegenleistung gar nix macht! Was sagt ihr jetzt? Was sagt ihr jetzt???"

Wulf schmunzelt.

Ich setze mich vor den Laptop, entferne den Prozess aus dem Startmenü und sage: „So. Jetzt springt das böse Programm beim Starten des Rechners schon mal nicht mehr von selber an. Wenn es ganz runter soll, muss ich allerdings die Media Gallery deinstallieren."

„Ja, weg mit dem Scheiß", ruft Jonas, „zeig es dem Syndikat, Philipp!"

Ich rolle mit den Augen, werfe das Programm zur Fotoschau von der Platte, reinige das Gerät in ein paar Minuten von sämtlichen Spuren der unnützen Dateien.

„Fertig", sage ich.

„Ja, wie?"

„Ist weg."

„Das ist doch nicht weg, hör mir auf?", schimpft Jonas.

„Doch", sage ich. „Habe ich nicht zum ersten Mal gesehen. Ist weg!"

Ich denke an meine eigentlichen Aufgaben auf den Zetteln. An meinen Termin beim alten Grütering.

Jonas setzt sich an seinen Rechner, startet ihn neu, tippt sein Passwort ein, öffnet den Task-Manager und wirkt enttäuscht darüber, dass ElbServer sich tatsächlich nicht wieder von selber in die Prozessliste gesetzt

hat, wie man es von einem hartnäckigen Schadpro-
gramm erwarten würde.

„Ich sage doch: Ist weg. Weil's kein Verschwörungs-
trojaner ist. Ist nicht mal Malware. Die kann sich
manchmal in solchen Dateien einnisten, aber dann hat
der Rechner ganz andere Symptome."

„Das kann nicht sein", sagt Jonas. „Die Gefahr ist nicht
gebannt. Sie tarnt sich jetzt nur besser. So macht es der
Amerikaner doch immer!"

Ich schüttele den Kopf. Wulf setzt sich wieder in der
Werkstatt an den großen Desktop-Rechner, den er
gerade zusammenbaut. Früher nannte man uns Compu-
terfritzen auch „Schrauber". Heute passt das nicht mehr
so gut, denn es gibt kaum noch etwas zu schrauben. Der
Verkauf klassischer Kästen und Türme geht zurück.
Immer mehr Menschen nutzen wie Jonas einen Laptop
als Hauptcomputer und das Tablet oder Smartphone als
Zweitgerät. Die Tatsache, dass Wulf noch genug zu
schrauben hat, liegt zum einen an ein paar wenigen
Gamern, die Hochleistungstürme brauchen, um ihre
Armeen bei World of Warcraft oder Battlefield zu befeh-
ligen, und zum anderen daran, dass wir hier genau
inmitten der letzten Region leben, in der die Menschen
noch „echte" Computer benutzen, weil das ländliche
Westfalen dem Rest der Republik sowieso fünf bis zehn

Jahre hinterherhinkt. Hier, wo mancher Schreibwaren-händler noch frisch verschweißte 3,5-Zoll-Disketten in der Büroabteilung hat und die Dorfvideothek noch ein Kontingent von 75 Leihfilmen auf VHS bereithält.

„Jonas, ich muss heute noch was anderes machen", sage ich und kehre hinter meinen Empfangstresen zurück. Unser Stammgast reibt sich an der Nase, hinter dem Ohr, am Hals.

„Gut", sagt er, „aber was ist mit listener.exe? Der Name sagt doch schon alles! Da tarnen die das Abhörpro-gramm ganz clever, indem sie mit dem Finger drauf zeigen, damit wir denken: Nein, eine Spionage-Software würde die Regierung niemals ganz offen unter dem Namen ‚Zuhören' mitlaufen lassen."

Ich hebe streng den Zeigefinger. Jetzt muss der väterliche Modus greifen, der meistens funktioniert, auch wenn Jonas nur zehn Jahre jünger ist als ich.

„Worauf haben wir uns geeinigt, Jonas?", sage ich. Er lässt die Ohren hängen.

Es ist unglaublich, wie gut das funktioniert.

Einmal den alten Herrn in seinem Kopf aktiviert, reagiert er wie ein kleiner Junge. Es mag nicht fair sein, diese Schwäche bei ihm auszunutzen, aber irgendwann muss man auch mal zum Arbeiten kommen.

„Na?", ziehe ich es ihm aus der Nase. „Was haben wir gesagt?"

Jonas antwortet schmollend: „Nur eine Theorie pro Tag."

Ich nicke gütlich und nehme den Deckel vom Haribo-Glas. Jonas steht auf und fischt sich sämtliche Himbeeren heraus. Das ist uns recht so, mit den Dingern können weder Wulf noch ich viel anfangen.

Jonas kaut, geht zum Glastisch zurück und klappt seinen Laptop zu.

Wulf sagt nebenan: „Oh."

Das sagt er immer, wenn ihm eine dieser winzigen Schrauben heruntergefallen ist.

Und wie immer frage ich mich, ob „Oh!" als Wort zählt, und nehme den ersten To-do-Zettel zur Hand.

Paul Bokowski

Staubi allein zu Haus

Dezember

Zum ersten Mal seit drei Jahren verbringe ich Weihnachten in der analogen Heimat. In der noch analogen Heimat. Denn Mutter hat Vater einen Intensivkurs für die Volkshochschule Bad Kreuznach geschenkt. Der neckische Titel: „Ruhestand 2.0 – eine sehr späte Einführung in das digitale Zeitalter". Ein erstaunlich treffsicheres Geschenk für einen Mann, der noch immer jedes Mal an den Anfang einer Webseite zurückscrollt, bevor er das Browserfenster wieder zumacht. Das Faltblatt der zweiwöchigen Fortbildung glänzt durch Wortspiele, die zweifelsohne in einem VHS-Kurs für angehende Werbetexter erarbeitet wurden:

„Backen oder Backup? – Was Sie über Googlehupf und EiCloud wissen müssen"

„Tinderüberraschung – Gleitsicht und Weitsicht beim Online-Dating"

„Appstellgleis, nein danke! – 5 Apps gegen Einsamkeit im Alter"

Den abschließenden QR-Code und die Formulierung

„Weitere Informationen finden Sie online unter ...", empfinde ich zwar als höhnisch, beglückwünsche Vater aber zum Anbruch des digitalen Lebensalters. Er scheint wenig begeistert davon zu sein, sich zwei Wochen lang mit alten Menschen und neuen Technologien beschäftigen zu müssen. Was wir in erster Linie daran erkennen, dass er nur noch mürrische Brummgeräusche von sich gibt, die entfernt an ein altes 56K-Modem erinnern.

Auch ich wurde reich beschenkt. Seit wenigen Minuten nenne ich einen chinesischen Staubsaugerroboter mein Eigen. Ich versuche, diese subtile Kritik an meinem Sinn für Sauberkeit nicht allzu persönlich zu nehmen. Immer noch besser als der legendäre Weihnachtskalender mit Raumerfrischerpröbchen, der letztes Jahr in der Single-Wohnung meiner Schwester Hannah eingetrudelt ist. Sie verbringt die Festtage mit Brechdurchfall in einem 2-Sterne-Hotel in Zwickau. Ich beneide sie trotzdem.

In einer feierlichen Zeremonie wurde der elektronische Familienzuwachs auf den Namen Staubi getauft. Der kleine Racker verfügt über Bluetooth, USB, WLAN und eine eigene Android-App. Hätte er eine Spracherkennung, ich würde ihn bitten, mich zu heiraten. Auch Mutter ist begeistert. Sie verstreut großzügig Spekulatiusbrösel im Wohnzimmer, während das brummende

Ding – Staubi, nicht Vater – unablässig seine Runden über das Parkett dreht. Vom Eierpunsch beseelt werden anschließend ein Seitenarm der Nordmanntanne und ein halber Meter Lametta gerupft, um Staubi an seine Grenzen zu bringen. Vergebens. Die Stimmung kippt, als Mutter und ich den letzten Rest Eierpunsch mit Gewürzlikör aufgießen und darum wetten, wer von uns beiden mehr Protagonisten aus der Weihnachtskrippe auf dem hin und her gleitenden Staubsauger platzieren kann. Mutter gewinnt mit einer Eselslänge Abstand.

Januar

Nach meinem blumigen Erlebnisbericht hat Hannah den Entschluss gefasst, auch allen zukünftigen Familienfesten fernzubleiben. Vater hingegen hat die Segel gestrichen und seine Frau zum Intensivkurs an die Volkshochschule begleitet. Mutter war augenblicklich Feuer und Flamme, was unser Vater sich damit erklärt, dass der Dozent wie eine exakte Mischung aus Costa Cordalis und dem jungen Stalin aussieht. Ich habe beschlossen, den zahlreichen Fragen, die diese Information aufwirft, fürs Erste nicht auf den Grund zu gehen. Stattdessen beobachte ich mit Besorgnis, wie sich unsere bisher so beharrlich analogen Eltern Stück für Stück in @ltern verwandeln. Seitdem der VHS-Kurs in seine zweite Woche gegangen ist, brechen täglich neue Hiobsbotschaften über Hannah und mich herein. Gestern Abend eine Facebook-Nachricht meiner Schwester: „Mutter hat jetzt Instagram! Rette sich, wer kann!"

Tatsächlich postet Mutter seit drei Tagen unterbelichtete Fotos ihrer Mahlzeiten. Zu meiner großen Verwunderung hat sie schon jetzt mehr Follower als ich.

Februar

Wenn ich die vierzehn lustigen Tiervideos richtig interpretiere, die in den letzten drei Stunden auf meinem Handy eingetrudelt sind, ist meine Mutter neuerdings bei WhatsApp. Noch wirken ihre digitalen Gehversuche etwas unbeholfen. Dabei ist auch die Autokorrektur ihres Smartphones ganz offensichtlich keine große Hilfe: „Hallo Katz, hier ist deine Nutte. Sag Ball, hast du weinen streuen Straßburger schon ausdrapiert? Uns stehlt immer noch einer von den eiligen Brei Königen. Alles Brite. Mama."

Ich lasse mir die Gelegenheit nicht nehmen, greife nach meinem Tablet und tippe eine Antwort: „Hallo Futter, schön, dass du mir reibst. Lieder vergehe ich kein Hort. Böhmen Mus an Kater. Von meinem Straßburger geschändet." Die Antwort lässt nicht lange auf sich warten: „Verramscht du mich?"

„Niemals!", entgegne ich. „Fuß und Bus! Raul."

Vater verbringt das Wochenende derweil auf seiner ersten LAN-Party in der hessischen Provinz. 200 fetthäutige Jugendliche in lebensbejahenden Outfits von dunkelgrau bis hellschwarz und irgendwo dazwischen ein Vorruheständler mit Camp-David-Shirt in Kiwi, Schlumpf oder Rosé. Oje.

März

Der künstliche Verschleiß technischer Geräte dürfte jedem ein Begriff sein, der schon mal einen Tintenstrahldrucker sein Eigen nannte. Mein Weihnachtsgeschenk hat den Begriff der geplanten Obsoleszenz, wie es fachmännisch heißt, ein wenig weiter gefasst. In der Nacht auf Sonntag hat Staubi die Steckerleiste neben dem Kühlschrank zu fassen gekriegt und völlig unbemerkt meinen Brotbackautomaten von der Anrichte geholt. Ich fand den Roboter in den frühen Morgenstunden, wie er triumphierend seine Runden um den technischen Kadaver drehte.

April

Meine Krankenkasse heißt jetzt BKKtransparent. Zu

meiner großen Überraschung ging der Namenswechsel mit einem Begrüßungsgeschenk einher: einer elektronischen Waage eines taiwanesischen No-Name-Herstellers. Die Waage verlangt die Eingabe meines WLAN-Passworts und das Bestätigen der Allgemeinen Geschäftsbedingungen. Dummerweise erscheinen die AGB als Laufschrift auf der vierstelligen Digitalanzeige. Wenn meine Hochrechnung stimmt, weiß ich spätestens Mitte Mai, wie viel ich wiege. Ein Gutes hat die Sache: sechs Wochen mehr Zeit, um die letzten Weihnachtspfunde loszuwerden.

Mai

Der VHS-Kurs, den unser Senior zu Weihnachten geschenkt bekam, hat mittlerweile seine maximale Wirkung entfaltet. Vater ist seit zwei Wochen Mitglied im Chaos Computer Club. Auch Mutters digitale Fähigkeiten machen Fortschritte. Am frühen Nachmittag eine SMS auf meinem SmartTV: „Hallo Sohn. Hier ist deine Mutter. Mein Hausarzt sagt, deine Blutzuckerwerte sind bedenklich. Schöne Grüße, Mama. Von unserem Kühlschrank gesendet." Es hat einen halben Nachmittag gedauert, bis ich herausbekommen habe, woher der Hausarzt meiner Mutter von meinen Blutzuckerwerten weiß. Allem Anschein nach kann meine neue Körperwaage nicht nur das Gewicht, sondern über meine Fußsohlen auch Puls, Körpertemperatur und Blutzuckerwerte bestimmen. Zusätzlich werden meine Vitalwerte via Twitter an meine Krankenkasse, meine nächsten Angehörigen und einen chinesischen Hersteller für Blutzuckermessgeräte gesendet.

Juni

Staubi hat im Badezimmer gewütet. Dieses Mal hat er im Vorbeifahren das Ladekabel der elektrischen Zahnbürste eingeheimst, was wiederum den Rasierapparat von Braun aus seiner Ladestation riss und schließlich sogar den Bluetooth-Lautsprecher von Bose aus dem Regal schleuderte. Ich habe die zahlreichen Einzelteile sauber zusammengekehrt unter der Badewanne entdeckt, nachdem aus dem Lautsprecher eine leise wimmernde Version von „Time to say goodbye" zu hören war. Dafür ist König Balthasar wieder aufgetaucht. Allem Anschein nach hat Staubi eine kleine Trophäensammlung hinter dem alten Schreibtisch im Arbeitszimmer angelegt: zwei Kugelschreiber, ein halbes Dutzend Erdnussflips, vier Euro und sieben Cent in Münzen, eine alte Bifi (sicherlich nicht meine), besagter König Balthasar und meine Kreditkarte.

Juli

Wenn man Vaters letztem Tweet Glauben schenken darf, verbringt er die nächsten zwei Wochen auf einer Hacker-Konferenz in internationalen Gewässern. Wir haben längst aufgehört, uns über seine neue Leidenschaft zu wundern. Sei es der bedenklich hohe Club-Mate-Konsum oder spätnächtliche semi-romantische Selfies mit seinem eigenen lebensgroßen Minecraft-Avatar. Mutter war über Vaters kleine Atlantikreise dermaßen erzürnt, dass sie aus reinem Trotz eine Kreuzfahrt durch den Persischen Golf gebucht hat. Sie kann es sich auch leisten. Seitdem eines ihrer YouTube-Videos über Besenreiser und glutenfreien Kartoffelauflauf viral gegangen ist, bietet ihr der chinesische Hersteller für Blutzuckermessgeräte ein doppeltes durchschnittliches Monatsgehalt für eine wohlwollende Instagram-Story. Hannah ist aus einer Bierlaune heraus mitgefahren. Heute Morgen lag ein erfrischend analoger Reisebericht in meinem Briefkasten: „Bruderherz, schöne Grüße von der MS Adipositas. Blutalkohol: 1,4 Promille. Temperatur: 39 Grad im Schatten. Altersschnitt an Bord: 62 Jahre. Mutter muss ständig Autogramme geben. Wegen Besenreisern und Kartoffelauflauf. Muss jetzt Schluss machen; Cocktail kommt. Alles Liebe, Hannah."

August

Staubi hat die Mikrowelle kaltgemacht. Ich habe beschlossen, meinem Ärger dadurch Luft zu machen, dass ich bei der etwa zwanzig Ziffern langen Service-Hotline seines Herstellers anrufe. Landesvorwahl China, laut Firmenhomepage aber kostenfrei. Nach etwa fünfzig Minuten in der Warteschleife kann ich die chinesische Version von „We didn't start the fire" fehlerfrei mitsingen. Komischerweise habe ich am Ende der Wartezeit eine Frau mit sächsischem Akzent in der Leitung. Auf Nachfrage aus dem Großraum Chemnitz. Man bedaure den Verlust meiner Kleingeräte und könne mir für eine Zuzahlung von nur 200 Euro ein brandneues Kombigerät aus dem aktuellen Sortiment anbieten. Jetzt steht ein WLAN-fähiger, sprachgesteuerter Induktionsherd mit Backofen, Mikrowellenfunktion und eingebauten Bluetooth-Boxen in meiner Küche. Leider glaubt das Universalgerät seit dem letzten Software-Update, es sei in Wirklichkeit ein Kleiderschrank und bestellt fortwährend Mottenkugeln, Fusselrollen und Nylonstrümpfe. Beim Versuch, das Update über das eingebaute Display wieder rückgängig zu machen, wurde ich von Staubi aufgeschreckt und mittels wild rotierender Bürsten in die Speisekammer getrieben. Zum Glück gab es dort warmes Bier, Brühwürfel und ein offenes WLAN aus dem Seitenflügel.

September

Vater hat angerufen und sich sehr herzlich für den Rasenmähroboter bedankt. Ich kann mich nicht daran erinnern, einen Rasenmähroboter bestellt zu haben. Ebenso scheint es mir entfallen zu sein, dass Vater morgen seinen fünfundsechzigsten Geburtstag zelebriert. Ich beschließe, das Ganze als glückliche Fügung des Schicksals zu betrachten. Dann entdecke ich auf meiner Kreditkartenabrechnung die Abbuchung einer chinesischen Spedition über 1.249 Euro. Vielleicht wird es Zeit, mir die Allgemeinen Geschäftsbedingungen meines Staubsaugerroboters doch nochmal genauer anzuschauen. Die zahlreichen Rezensionen bei Amazon jedenfalls legen nahe, dass Staubi seit dem letzten Software-Update eine wirtschaftspolitische Agenda verfolgt. Klingt ein bisschen irre, würde allerdings erklären, warum mein WLAN-Toaster seit zwei Wochen wahlweise Werbung für den China-Imbiss gegenüber oder das Konterfei von Mao Tse-tung in meinen Buttertoast brennt.

Eine Minute nach Mitternacht erreicht mich eine WhatsApp-Nachricht meiner Schwester: „Scheiße! Facebook sagt, Papa hat Geburtstag."

„Schäm dich, Hannah, schäm dich!", schreibe ich zurück.

Oktober

Nachdem Staubi meinen Radiowecker vom Balkon gekehrt hat, ist die Kaffeemaschine ganz offiziell das letzte analoge Endgerät in meiner Wohnung. Jedes Mal, wenn ich mich ihr nähere, gibt der Staubsaugerroboter einen panischen Alarmton von sich, als würde ich versuchen, mit einer Hand voll Hackfleisch einen wilden Tiger zu streicheln. Bedauerlicherweise hat er sich über Bluetooth mit der Surround-Sound-Anlage meines Fernsehers verknüpft, sodass der Alarmton neuerdings mit 100 Dezibel durch die Wohnung

schallt. Am Nachmittag ist über WhatsApp eine kryptische Nachricht meines Hausarztes eingetrudelt: „Höflich wir bitten mit Nachdruck sich in Gegenwart und Zwischenzeit keine Koffein im Morgengrauen verspeisen nicht! Unverzüglich wohlbefindliche Empfehlung. Wir sind am Heizen Ihre Gesundheit. Nachhaltiges Grüßen. Ihr Doktor des Gebäudes." Sofort habe ich Staubi in Verdacht.

November

Ich habe den Staubsaugerroboter mit einer Spur Brotkrumen ins Badezimmer gelockt. Erstaunlich, dass dieser Trick noch immer funktioniert. Entweder ist der kleine Racker dümmer als gedacht, oder er ahnt einfach seit Langem, dass ich jedes Mal eine kleine Strecke Knäckebrot im Flur verteile, wenn ich in Ruhe onanieren möchte. Dieses Mal ist der Grund allerdings ein anderer: Ich werde die Kaffeemaschine bis auf weiteres auf dem Dachboden verstecken. Sie ist das letzte Haushaltsgerät, das Staubi noch nicht aus- oder gleichgeschaltet hat. Hannah findet meine Entscheidung albern und lässt es sich nicht nehmen, meinen morgendlichen Gang unters Dach durch höhnische Nachfragen wie „Wie geht es Kanne Frank?" zu untermalen. Ich bin mir sicher, dass Staubi es auf die selbige abgesehen hat. Immerhin hat gestern Nachmittag ein DHL-Bote ein halbes Dutzend neuer Kleingeräte angeliefert. Alle aus chinesischer Produktion. Alle bestellt von einem gewissen „*S. T. Aubsauger*".

Dezember

Seitdem Staubi die Kontrolle über die digitalen Heizkörperthermostate übernommen hat, verbringe ich die letzten Tage des Jahres im Haus meiner Eltern. Mutter hat auf Tinder einen alten Bekannten entdeckt. Den Dozenten aus der Volkshochschule Bad Kreuznach. Jetzt stehen die beiden in der Küche und drehen ein YouTube-Tutorial für vollvegane Weihnachtsgans mit Süßkartoffelklößen und Rotkohl-Karamell-Sorbet. Wer kann ihr diese Liebelei verübeln. Immerhin hat Vater die letzten Monate in einem Kibbuz der Digitalen Volksfront Judäa verbracht. Mittlerweile hat er sich von jeder Form des technologischen Fortschritts abgewandt und wohnt seit seiner Rückkehr in der Gartenlaube hinterm Haus. Ohne Strom, Heizung oder fließend Wasser – bekleidet nur mit einem Lendenschurz aus Teichplane und einer formschönen Kopfbedeckung aus Aluminiumfolie. Manchmal legt er uns mit Kastanien und Stöcken kleine Botschaften auf die Terrasse. Letzte Woche hat Vater den Rasenmähroboter überwältigt und im Morgengrauen rituell gepfählt. Nur mit Mühe konnten wir die Nachbarn davon abhalten, den psychiatrischen Notdienst zu rufen. Ich habe den verstümmelten Kadaver mit einer Lichterkette vorweihnachtlich kaschiert. Außerdem versuche ich Hannah über die hiesigen Geschehnisse auf dem Laufenden zu halten. Sie schlägt vor, unserem Vater einen VHS-Kurs zu Weihnachten zu schenken – für einen Paläo-Kochkurs oder eine Urschreitherapie. Mutter ist total begeistert.

Hin und wieder muss ich an Staubi denken. Irgendwie vermisse ich den Kleinen. Er hat uns gestern Abend via Amazon eine neue Weihnachtskrippe zukommen lassen. Die Heilige Familie hat asiatische Gesichtszüge und das Jesus-Kind einen eingebauten WLAN-Stick. Am Abend eine Stöckchenbotschaft auf der frisch eingeschneiten Veranda. „Was wünscht ihr euch zu Weihnachten?", fragte der Homo analogis aus der Gartenlaube. „Egal", haben wir geantwortet. „Hauptsache aus Holz."

Jo Berger

Multifunktionspulssensorenmessdings

Eines Tages war mir danach, mit dem Joggen zu beginnen. Man gönnt seiner Figur ja sonst nichts. Speziell in der Vorweihnachtszeit.

Eine flüchtige Bekannte namens Susanne bestärkte mich in meinem Beschluss. Fortan klopfte sie ein- bis dreimal die Woche bei mir an, um mich zu körperlicher Ertüchtigung zu bewegen.

„In einem sportlichen Körper steckt ein gesunder Geist!", grinste sie mich frech an, während sie ihre gestählten Muskeln streckte, dehnte und ihre Uhr richtete.

„Was ist das?", wollte ich wissen und deutete auf das überdimensionierte Monstrum an ihrem Handgelenk. „Das …«, verkündete sie stolz, »… ist ein Fitnesstracker."

Sogleich erklärte sie mir alle Funktionen dieses Supermultitools für Sportler. Das wundersame Teil misst nicht nur die Herzfrequenz, sondern auch den Kalorienverbrauch, die gelaufene Strecke, Höhenmeter, wie schnell du bist, und gibt Warntöne ab, wenn du zu viel Tempo machst. Ferner berechnet sie den VO2max, die individuellen Sportzonen, Herzfrequenzvariabilität und informiert jederzeit und allerorts über den aktuellen Fitnessstand.

Diese Uhr beeindruckte mich und gab mir gleichzeitig Rätsel auf. „Wie kann die Uhr wissen, wie schnell du läufst?"

Susanne sah mich an, als wäre ich Freitag und hätte die letzten Jahrzehnte mit Robinson am Lagerfeuer gesessen. Verwundert zog sie eine Braue hoch, umfasste den Fußspann ihres rechten Fußes und bog sich den Oberschenkel so weit nach hinten, dass es mir in der Leiste zog. „Na, über das GPS. Wie sonst?"

„Aha." Was fragte ich auch so blöd.

„Früher brauchte man einen Brustgürtel und einen Sensor am Schuh, den man erst umständlich kalibrieren musste." Sie streckte mir ihren Fuß ins Gesicht und tippte mit dem Zeigefinger auf den Schnürsenkel.

„Den Schuh kalibrieren?" Ich verstand nur noch Bahnhof.

„Den Sensor, Süße. Zum Glück braucht man ihn heutzutage nicht mehr." Sie sah mich mitleidig an und erklärte in der Folge, sie überspiele mehrmals die Woche die Daten auf ihren PC. Anhand von informativen und farblich schön gestalteten Diagrammen könne sie unter anderem ihre eigene Laufverbesserung sowie die Entwicklung des Ruhepulses auf einen Blick erfassen. Das würde sie unglaublich motivieren. Aber merke: Bloß nicht die lohnende Pause vergessen! Die ist wichtig, damit das Laktat, welches während der Belastung anfällt, zum Teil wieder abgebaut werden kann.

„Weißt du?", fährt sie fort. „Die körperliche Anpassung an den Trainingsreiz erfolgt erst in der Erholung nach dem Training. Das ist das Prinzip der Superkompensation."

Lohnende was? Superkompwie!?

Was Zuviel war, war Zuviel. Ich wollte nur ein wenig herumtraben und dabei schön schlank werden. Ein Ingenieurs- oder Sportwissenschaftsstudium kam mir darüber nicht in den Sinn.

Spontan legte ich Susannes Megainformationstool in die mentale Schublade für unnötige Dinge ab und beschloss, nach Gefühl zu laufen.

Wenn ich keine Luft mehr bekam, drosselte ich das Tempo. Wenn es irgendwo ziepte, drückte oder stach, ging ich, anstatt zu joggen.

Verrückte Läufer! Wer brauchte schon einen Fitnesstracker? Ich nicht. Dennoch musste ich zugeben, das Teil gab auch Meldung bei eingegangenen E-Mails, spielte Playlists ab, die ich nicht besaß, und zeigte die Uhrzeit an. Letzteres ist praktisch, aber das schafft jeder simple Zeitmesser auch und ist dabei an zarten

Frauenhandgelenken wesentlich hübscher anzusehen als Susannes klobiges Ding.

Mit der Zeit wurde das Laufen zur Routine. Ich ging nicht mehr mit meinem Hund spazieren, wir joggten. Über kurz oder lang liefen die Beine von alleine. Frische Luft durchströmte die Lungenflügel. Das pure Hochvergnügen. Kein Vergleich zu Susannes Empfindungen beim Laufen. Liefen wir gemeinsam, sah sie ständig und gehetzt auf ihre Uhr und hechelte so was wie: „Guter Schnitt."

Nach dem Lauf war sie damit beschäftigt, ihre Werte abzurufen, um sich kurz darauf zu ärgern: zu langsam. Schnitt versaut. Herzfrequenz im suboptimalen Bereich. Scheiß Ownzone!

Man munkelt, sie überträgt die Daten via Satellit sofort auf den Rechner, um sich die verpatzte Statistik anzusehen.

Ich beschloss, künftig ohne diese Sportskanone unterwegs zu sein. Schlechtes Gewissen. Zu langsam. Schnitt versaut.

Nach einiger Zeit interessierte es mich, wie weit ich wohl gelaufen sein mochte. Am nächsten Tag besorgte ich mir einen Schrittzähler. Klein, einfach, manuell und simple. Da übertrug sich nichts via Satellit und kuschelte hinter meinem Rücken mit meinem Laptop.

Begeisterung überfiel mich.

Der erste Lauf zeigt mir 5.238 Schritte. Bei meiner kürzlich ermittelten und umständlich im Stadion gemessenen Schrittlänge, die exakt 0,92 Meter betrug, war ich demnach knapp fünf Kilometer gelaufen. Ich raste nach Hause. Dieser Erfolg musste notiert werden, bevor ich es vergaß.

Wenig später starrte ich beglückt und voller Stolz auf den auf Papier festgehaltenen Knüller.

Moment? Wie lange war ich eigentlich unterwegs gewesen? Egal. Ausschließlich die Freude am Lauf stand im Vordergrund.

Tage später wusste ich, dass ich fünf Kilometer ungefähr in 35 Minuten bewältigte. Susanne staunte und empfahl mir ihre Uhr. Ob ich nicht wissen wolle, wie hoch mein Puls wäre?

Nein, das interessiert mich nicht die Bohne. Wenn mir das Herz bis zum Halse schlüge, prahlte ich, laufe ich einfach langsamer. Wer braucht schon so einen Multitracker mit allem Schnickschnack. Das würde mich nur unter Druck setzen. Ich mache mich doch nicht zum Knecht, mach ich mich nicht!

Es war ein wunderschöner Frühlingsmorgen. Mein treuer Hund und ich richteten uns für den Samstagmorgenlauf. Schlüssel, Handy, Leckerlis für die brave Seele, Schrittzähler, Edding und eine kleine Pulsuhr, die ausschließlich den Puls misst – günstig im Internet ersteigert.

Entspannt trabten wir los. Die Morgensonne zeichnete mit ihren goldenen Fingern romantische Lichtreflexe auf das sprießende Grün, die Luft war frisch und die Vögel begrüßten den Tag. Ich konnte ihren Gesang nur nicht richtig hören. Weil es überall an mir rasselte, sich mein Puls knapp unter Lichtgeschwindigkeit bewegte und mein Hecheln alles übertönte.

Wiederholt kontrollierte ich meine Pulswerte und bemühte mich, mit einer konstanten Schrittlänge den Parcours zu meistern. Ich japste nach Sauerstoff und ich könnte schwören, dass sich meine mühsam ermittelte Schrittlänge nicht wirklich am ursprünglich notierten Wert orientierte. Das Gelände im Wald war doch stellenweise wurzeldurchzogen, mitunter steil und hatte mit der Bahn im Stadion herzlich wenig gemeinsam. Eine Erkenntnis, die den Schweißtropfen auf der Stirn auf der Stelle stocken ließ.

Hektisch wechselte ich vom verschlungenen Pfad auf den breiten Sonntagsspaziergängerweg, zog mein Maßband aus der Hosentasche und malte mit dem Edding am Anfang und Ende einer 10-Meter-Laufstrecke ein großes X auf den Asphalt. Sehr zur Belustigung mancher Passanten lief ich diese Strecke in verschiedenen Gehweisen und Frequenzen ab, eben so, wie ich gelegentlich laufe und jogge, spaziere oder schlendere. Ich lief, joggte, schlenderte, watschelte und rannte die zehn Meter so lange, bis ich eine passable Anzahl verschiedenster Schrittfrequenzen und -längen beieinander hatte, um ein ausreichendes Mittel zu bilden.

Nach längerer Berechnung ergab dies eine durchschnittliche Schrittlänge von 67 Zentimetern.

Das bestürzte mich tief.

Alle Aufzeichnungen, alle Grafiken, aller Stolz sinnlos! Zwecklos, überflüssig, vergebene Liebesmüh. Meine Schrittlänge brachte es an den Tag. Gewiss hatte ich nicht einmal vier Kilometer zurückgelegt. Vielleicht auch nur drei?

Ich brach heulend zusammen.

Was denn los wäre, fragte mich mein stets mitfühlender Mann an diesem Tag, als ich gebückt durchs Haus schlich.

Von Weinkrämpfen geschüttelt würgte ich hervor: „Mein Schritt ist zu kurz!"

So konnte es nicht weiter gehen. So nicht! Beherzt verschenkte ich Schrittzähler, Pulsuhr, Metermaß und Edding. Sie sollten mich nicht mehr knechten. Nicht binden. Nicht rasseln und beuteln und falsche Auswertungen liefern. Ich wollte frei sein! Beim Laufen an nichts denken. Kein Rasseln, ein Scheppern.

Diese Entscheidung erfüllte mich mit echtem Stolz!

Am nächsten Tag besorgte ich mir einen Fitnesstracker. Susannes sehr ähnlich. Kein Rasseln, kein Scheppern. Seitdem laufe ich entspannt, genieße die Ruhe, erfreue mich an der Natur und werfe hin und wieder einen Blick auf die Herzfrequenz. Und auf das Tempo. Auf die Durchschnittszeit und den VO2max.

Mist! 6:35er Schnitt!

War auch schon mal besser.

Anne Vogd

Sekt oder Selters? Tofu oder Torte? Fatboy oder Fatburner?

ge - nie - ßen, Verb (mit Obj.) (jmd. genießt etwas), Bedeutung: aus einer Sache für sich Freude, Genuss und Wohlbehagen ableiten.
Beispiel: Er genießt sein Leben in vollen Zügen.

Ich übrigens nicht. Ich fahre lieber Auto. Der Fahrplan der Deutschen Bahn, oder besser, die flexible Abfahrts-information mit zwanglosem Gleisvorschlag und stets frisch aufbereiteter Wagenreihung ist nicht so mein Ding. Wenn es sich aber so gar nicht vermeiden lässt, dann ist es immer dasselbe: Gleisnummer raussuchen, merken oder besser abfotografieren, zum Gleis rennen, Gleis und Zugnummer abgleichen, den ohnehin schon überfüllten Waggon entern, sich dort mit anderen Fahrgästen stapeln und die ganze Zeit Angst haben, dass man doch im verkehrten Zug sitzt.
Und dann geht's erst richtig los: Ich muss Telefonge-spräche von Leuten mit anhören, die mich bei der Post einen Kopf kürzer machen würden, wenn ich die Dis-

kretionslinie übertrete. Von hinten tritt ein siebenjähriger Lümmel permanent gegen meine Rückenlehne, und seine Mutter sagt nichts, weil sie die Persönlichkeitsrechte ihres Primaten achten will. Ich habe kein Netz, was doppelte Wut bedeutet. Und wenn sich der Schaffner nähert, bin ich deutsch genug, um nervös zu werden – obwohl ich eine gültige Fahrkarte besitze. Was für ein Stress!

Autofahren genieße ich hingegen sehr. Ich bin unabhängig, lerne meine Texte derweil oder fange an zu singen und höre erst damit auf, wenn ich andere Verkehrsteilnehmer beschimpfen muss. Und sollte es doch mal einen Stau geben, kann man ja immer noch anrufen und sagen, dass es später wird. Vom Auto aus funktioniert das. Wenn ich losfahre, hänge ich mein Handy immer sofort ans Ladekabel. Aber haben Sie schon mal versucht, ein Handy im ICE aufzuladen? Ich schon. Beim Reinstecken hatte ich noch 13 Prozent Akku, danach nur noch vier: So hatte ich mir das mit der Energiewende nicht vorgestellt. Die Bahn soll gefälligst ihre eigenen Quellen nutzen und nicht mit meinem Strom fahren. Denn wenn sie womöglich noch wegen Verspätungsabbau auf halber Strecke stehen bleibt, bin ich am Ende auch noch schuld.

Dennoch, vernünftiger wäre es, öfter mal Bahn zu

fahren. Allein schon wegen der Umwelt und der Zeitersparnis. Denn wenn ich ganz ehrlich bin, muss ich zugeben, dass ich so oft auf der A3 im Stau stecke, dass ich ernsthaft überlege, diese Autobahn, die nicht umsonst auch Deutschlands größter Parkplatz genannt wird, als Hauptwohnsitz anzugeben. Ich stehe da wirklich so häufig und so lang, dass ich manchmal den Überblick verliere und mich dann frage: Bin ich auf dem Weg hin zur Arbeit oder schon wieder auf dem Heimweg? Warum denkt die Automobilindustrie bei den heutigen Staus überhaupt noch über ein selbstfahrendes Auto nach? Ein selbststehendes Auto fände ich viel sinnvoller, genauso wie eine selbstputzende Wohnung oder eine selbstfunktionierende Beziehung. Aber das nur am Rande.

Ich bin ein Mensch, der vieles aus Überzeugung macht und vieles aus Überzeugung nicht. Manchmal gerate ich dabei allerdings etwas durcheinander, was mich nach außen unvollkommen erscheinen lässt. Aber das stört mich nicht. Ich genieße es, nicht perfekt zu sein. Menschen, die perfekt erscheinen wollen, langweilen mich. Ich finde Menschen mit Makel viel menschlicher. Ich habe davon besonders viele. Ich glaube, als der liebe Gott mich gebaut hat, war er noch in der Experimentierphase. Irgendwann zweifelte er dann an der Aufwand-Nutzen-Relation und hat sich gedacht: Komm, den Rest übernimmt jetzt mal die Krankenkasse.

So ähnlich muss es gewesen sein, denn ich mache wirklich viele Dummheiten, aber die mache ich gut. Ich bin viel zu oft hin- und hergerissen, als dass mein Leben gradlinig verlaufen könnte. Schuld daran sind die zwei Persönlichkeiten, die in mir wohnen. Die eine heißt Vergnügen, die andere heißt Vernunft. Beide streiten sich täglich um die Vorherrschaft: Der Partytiger in mir raunt: „Komm, Liebelein, bleib noch ein bisschen. Es ist doch gerade so schön. Vergiss das mit dem Schlaf vor Mitternacht. Carpe diem. Denk dran, lieber fünfzig Jahre gelebt, als siebzig Jahre nur dabei gewesen." Während die Tugend wie ein zartes Pflänzchen versucht dagegenzuhalten und flehentlich flüstert: „Du solltest jetzt lieber gehen. Der Mond ist heute Abend voll. Du musst es nicht auch noch sein. Morgen ist auch noch ein Tag." Was dann passiert, liegt in der Natur der Sache. Der Darwinismus macht auch vor mir nicht halt: Der Stärkere überlebt. Und das, obwohl ich zu diesem Zeitpunkt schon weiß, dass meine Stimmung am nächsten Morgen durchhängen wird wie eine Lampion-Girlande vom Vorabend. „So what", raunt es dann wieder in mir, „es ruckelt halt immer ein wenig, wenn man einen Gang höher schaltet." Die Mäßigung, eine der vier Kardinalstugenden von Aristoteles, ist nicht mein zweiter Vorname. Für die jüngeren Leser: Aristoteles war kein Dschungelcamp-Teilnehmer und auch kein DJ. Er war ein griechischer Philosoph der Antike und scheint für viele wieder en vogue zu sein. Denn unsere Gesellschaft mäßigt sich heute maßlos. Vernunft & Verzicht gegen Lust & Leidenschaft, Sehnsucht & Sünde. Das Projekt „Dasein" wird effektiv durchgetaktet. Aktive Lebensgestaltung und ein perfekter Biorhythmus sowie ziel- und ergebnisorientiertes Denken sollen unser Leben lebenswert machen. Selbstoptimierung wird auf der Großbaustelle „Ich" als Sinnsuche deklariert. Wozu das alles?

Ein Mann geht zu seinem Hausarzt und sagt: „Herr Doktor, bitte tun Sie alles dafür, dass ich steinalt werde. Es ist mein größter Wunsch, wirklich richtig alt zu werden." Der Arzt antwortet: „Gut, schauen wir mal nach Ihren Lebensgewohnheiten. Rauchen Sie?" „Nein, das würde ich nie tun." „Trinken Sie Alkohol?" „Nein, damit habe ich schon vor vielen Jahren aufgehört." „Bleiben Sie abends lange auf?" „Niemals, Jan Hofer ist immer der Letzte, der mit mir spricht." „Machen Sie ab und zu noch Liebe?" „Nein, ich wüsste gar nicht mehr, wie das geht." Daraufhin meint der Arzt: „Und warum wollen Sie dann so alt werden?"

Auf der Suche nach dem „Warum" habe ich ein „Egal" gefunden. Ich bin es leid, mir die Zugangsvoraussetzungen für ein vermeintlich glückliches Leben immer und überall vorschreiben zu lassen. Ich will nicht mehr nach Vorstellungen leben, die mein Leben voll, aber nicht reich machen. Das rastlose Rotieren ums eigene Ich war mir schon immer unsympathisch, auch wenn es heutzutage als Achtsamkeit verstanden werden will und damit schwer angesagt ist. Heute wird ja alles in den Achtsamkeitstopf geworfen, kurz aufgekocht und serviert, ähnlich wie vor ein paar Jahren die Nachhaltigkeit. Mir ist diese permanente Selbstbeobachtung viel zu übertrieben.

Aber sie findet Mittel und Wege, um bis in die Niederungen des menschlichen Daseins durchzusickern: Ernährungsratschläge, diese omnipräsenten Mahnmale im Alltag – sie liegen mir alle schwer im Magen. Das Leben ist zu kurz für Ingwerbrühe und Knäckebrot. Gewicht und Verzicht: Eine Waage sagt dir nur, wie schwer du bist. Das allein ist schon erbärmlich genug, denn meist sagt sie damit auch gleichzeitig, dass du immer noch zu klein für diese Zahl bist. Aber sie wird dir nie verraten, ob deine Rundungen nicht vielleicht sogar sexy sind. Eine Schlaf-App protokolliert nur die Stunden, die wir geschlafen haben. Sie sagt dir aber nicht, ob es sich nicht doch gelohnt hat, so lange in geselliger Runde mitgefeiert zu haben. Ganz ehrlich: Was hat man davon, wenn der Pfarrer am Grab die inneren Werte lobt und damit die Cholesterin- und Melatoninwerte meint? Mir persönlich wäre es lieber, er würde sagen: „Viel war es nicht, was sie ausgelassen hat."

Ich finde, man kann auch bewusst leben, ohne stundenlang der rasanten Bewegung eines Stundenzeigers zu folgen. Man kann auch bewusst genießen, ohne erst jede Furche und Falte einer Trockenpflaumenoberfläche mit der Zunge ergründet zu haben.

Nein, ich mache bei all diesen Trends nicht mit – nicht mehr. Mir sind generell gesellschaftliche Zwänge aller Art zu viel Stress. Ich nehme mir die Freiheit, anders zu sein, denn ich habe lange dafür gekämpft, loslassen zu können. Ich finde, auf lebendige Art am Leben zu sein bedeutet mehr, als alles perfekt zu planen und zu kontrollieren. Es sind oft die überraschenden, spontanen Augenblicke, die das Leben lebenswert machen, nicht der streng durchchoreografierte Alltag. Aus „So isses" darf auch gerne mal ein Wunschkonzert werden. Weniger Perfektion heißt oft mehr Gewinn. In meinem Leben hat es sich jedenfalls noch nie ausgezahlt, irgendwelchen Idealvorstellungen hinterherzulaufen. Es hat sich nicht gerechnet, weil man eh nie alle mit seinem Tun begeistern kann. Selbst wenn man übers Wasser gehen könnte, käme noch irgendeiner dahergelaufen und würde fragen, ob man zu blöd zum Schwimmen ist.

Ich plädiere daher für mehr Gelassenheit. Im Kleinen wie im Großen. Ein Völkchen, das für seine Tiefenentspanntheit bekannt ist, sind ja unsere Hauptstädter. Man sollte sich an ihnen ein Beispiel nehmen. Berlin ist zwar arm, aber die Partystadt Deutschlands. Die Stadt mit den gelassensten Bürgern. Es ist den Leuten da völlig egal, ob ihr Flughafen in zehn oder zwanzig Jahren fertig wird – oder auch gar nicht. Man kommt trotzdem weg, wenn man weg möchte, und findet auch wieder hin, wenn man zurückwill.

Ein bisschen mehr Abenteuer, ein bisschen weniger Vernunft – das täte uns allen gut. Und Abenteuer beginnen dort, wo Pläne enden. Das Leben braucht sie, um spannend zu bleiben. „Wem das zu gefährlich ist, der sollte es mal mit Routine versuchen – sie ist tödlich", wusste schon Paulo Coelho. Pure Vernunft darf im Leben niemals dominieren. An Leuten, die immer vernünftig sind, die ihr Leben wie ein „Malen nach Zahlen" führen, an denen kann man erkennen: Vernünftig ist wie tot, nur vorher.

Bei mir haben es innere Zuchtmeister wie Disziplin, Effizienz und Optimierungswille zunehmend schwerer. Ich habe lange genug ein Leben geführt, in dem ich Familie, Firma, Figur, Freunde und Fortbildung unter einen Hut bringen wollte. Ich habe rumgezappelt wie Wäsche auf der Leine vor einem einsetzenden Gewitter. Damit ist jetzt Schluss. Im Falle eines guten Buches heißt es jetzt: Wo ein Wille, da auch ein Sofa – auch wenn die Spülmaschine voll und der Kühlschrank leer ist. Dann mache ich halt mal keinen Haushalt, sondern mir lieber Gedanken. Heute steht der volle Wäschekorb manchmal ganze drei Tage im Türrahmen, damit ich ihn nicht vergesse. Ich gebe mir noch ein halbes Jahr, dann müsste ich eigentlich einen dreifachen Salto mit doppelter Schraube beherrschen.

Quellen

Jo Berger, Multifunktionspulssensorenmessdings © bei der Autorin

Sabine Bode, Einmal Sorgen mit alles, bitte! ,
aus: Sabine, Bode, Sorgen sind wie Nudeln, man macht sich immer zu
viele. Noch mehr Lesekonfetti für problemgebeutelte Postjugendliche
© 2022 Wilhelm Goldmann Verlag, München, in der Penguin Random
House Verlagsgruppe GmbH

Paul Bokowski, Staubi allein zu Haus,
aus: Paul Bokowski, Bitte nehmen Sie meine Hand da weg
© 2019 Wilhelm Goldmann Verlag, München, in der Penguin Random
House Verlagsgruppe GmbH

Horst Evers, Psychoratgeber – Was taugen sie wirklich? – Ein
Selbstversuch,
aus: Horst Evers: Die Welt ist nicht immer Freitag © 2006, Rowohlt
Verlag GmbH, Hamburg

Amelie Fried, Chaotin und Besänftiger,
aus: Amelie Fried, Verborgene Laster und andere Geständnisse
© 2003 Wilhelm Heyne Verlag, München, in der Penguin Random
House Verlagsgruppe GmbH

Elke Heidenreich, Buddhist,
aus: Elke Heidenreich, Alles kein Zufall. Kurze Geschichten. © 2016
Carl Hanser Verlag GmbH & Co. KG, München, S. 22, mit freundlicher
Genehmigung von Carl Hanser Verlag GmbH & Co. KG.

Ephraim Kishon, Onkel Morris und das Kolossalgemälde,
aus: Ephraim Kishon, Die liebe Verwandtschaft © 2010, 2020 in
LangenMüller in der F.A. Herbig Verlagsbuchhandlung GmbH.
Stuttgart

Regine Kölpin, Schnarchgewitter © bei der Autorin

Susanne M. Riedel, Das Perlhuhn,
aus: Susanne M. Riedel, Ich hab mit Ingwertee gegoogelt, Satyr Verlag
Volker Surmann, Berlin 2021 © bei der Autorin

Philipp Spielbusch, Der Bundestrojaner,
aus: Philipp Spielbusch, »Ich habe das Internet gelöscht!« – Aus dem
Alltag eines IT-Dienstleisters
© 2017, Rowohlt Verlag GmbH, Hamburg

Anne Vogd, Sekt oder Selters? Tofu oder Torte? Fatboy oder Fatburner,
aus: Anne Vogd, Ich hab's auch nicht immer leicht mit mir.
© 2018 Ullstein Buchverlage GmbH, Berlin.

Daniela Vogel, Von unruhigen Schwingungen und anderem Yoga-Dings
© bei der Autorin

Wir danken den Autor:innen und Verlagen für die freundliche Abdruck-
genehmigung.